プラズマ現代叢書 1

コロナ危機との闘い

黒田寛一の営為をうけつぎ
反スターリン主義運動の再興を

松代秀樹 編著

プラズマ出版

コロナ危機との闘い

――黒田寛一の営為をうけつぎ反スターリン主義運動の再興を

目次

〈表紙の写真〉　一九五六年ブダペスト、ソ連軍の戦車の上に乗るハンガリー労働者たち
＊写真提供　共同通信社『ザ・クロニクル』（一九五五―五九第三巻）

はじめに

新型コロナウイルスへの感染が人びとを襲った。中国の権力者は、自国での感染の拡大を隠蔽した。アメリカの権力者は、自国での人びとへのこのウイルスの感染をインフルエンザの感染拡大と見せかけた。日本の権力者もまた、感染者の数値を少なくするために、ＰＣＲ検査を徹底的に制限した。多くの国の権力者も同様であった。

こうして、この新たな感染症は、全世界に一挙にひろまった。

自己保身に駆られた各国の権力者たちは、排外主義をあおって、外国からの・また外国への・渡航を禁止し、そして都市封鎖や国内での移動禁止の措置をとり、労働者たち・勤労者たちに自宅待機を命じた。

権力者たちがとった・新型感染症の拡大をくいとめるためのこのような諸措置によって、資本のもとでの生産・流通・消費は、すなわちブルジョア的経済は、一挙に収縮した。アメリカや日本などの国家権力者と彼らがその利害を体現する独占資本家たちは、そして中国の資本家的官僚と官僚資本家は、みずからがまねいた・人びとへのウイルス感染の蔓延、これを切断するために、資本の自己増殖のための生産を、あえてみずから縮小したのである。

彼らは、悪辣にも、この犠牲の一切を労働者・勤労民衆に転嫁した。労働者たち、とりわけパート労働者などの非正規雇用の労働者たちは即刻解雇された。あるいは、出勤日・出勤時間を極端に減らされ、生活苦につき落とされた。個人事業者や中小企業者は、仕事そのものを奪われた。

　政府が支出する給付金は、これらの労働者・民衆の不満を抑えつけるためのものであるにすぎない。政府は、諸独占体と大企業の救済にこそ必死なのである。

　一方では、労働者たちに過酷な労働と低賃金を強いるとともに、他方では、金融的投機を拡大することによって、その危機をのりきってきた今日の帝国主義経済、すなわち国家独占資本主義は、現下の生産・流通・消費の収縮を要因としてその破産をあらわにした。アメリカの航空機製造巨大企業ボーイングや、ジャンク債の発行に頼ってきたシェールオイル生産企業に端的にしめされたように、諸独占体と諸企業は実質上の倒産の危機にあえいだ。

　アメリカや日本の政府は、赤字国債を膨大に発行し、それで得た国家資金をこれらの諸企業の救済につぎこんだ。アメリカ連邦準備制度理事会（ＦＲＢ）や日本銀行といった中央銀行は、市場の国債を無制限に買い入れるという措置をとった。しかも、これらの中央銀行は、現存する金融構造の崩壊を阻止するために、だから諸企業や諸金融機関を破綻させないために、コマーシャルペーパー（ＣＰ）や社債を、したがって「フォーリンエンジェル」（堕ちた天使）という名の非投資適格債となった債券や、これらとレバレッジドローンなどを寄せ集めて組成された証券を、必死で買いこんでいるのである。

　もはや財務危機におちいり死に体と化した諸企業や諸金融機関は、政府と中央銀行によるこうした資金の注入にもとづいてその存立がゆるされているのである。

　いまや、現下の資本主義経済はゾンビ資本主義と呼ぶべきものになってきているのである。のりきりのこの形態は、世界のなかの財政基盤の弱い国が国家財政上の債務不履行（デフォルト）を起こしたことを引き金として一挙に崩壊する、という矛盾をはらんだものなのである。

各国の独占資本家たちとその利害を体現する権力者たちは、そして中国やロシアの資本家的官僚と官僚資本家は、その危機をのりきるために、――アメリカと中国が新型コロナウイルスの起源について相互に責任をなすりつけあい、前者は後者に経済制裁の脅しをかけながら、――労働者・勤労民衆に犠牲を強いているのであり、総攻撃を仕掛けることを策しているのである。

全世界の労働者階級・勤労民衆は、この攻撃をうちくだくために、みずからをプロレタリア階級として組織し、国際的に団結しなければならない。

だが、反スターリン主義運動の前衛を自称する組織の現指導者たちは、日本の権力者・安倍晋三を「無能」と嘆いているのであり、安倍へのこの「無能」呼ばわりは権力者への尻押しになるということを自覚しえないほどまでに、彼らはプロレタリア的な階級意識を喪失しているのである。

これは、彼らがスターリン主義をその根底からのりこえていくための実践的・理論的・組織的の営為を放棄し、労働運動への組織的とりくみにおける破産を自己保身的にのりきってきた帰結なのである。

いまこそ、われわれは、一九五六年のハンガリー労働者たちの決起を革命として主体的にうけとめ、みずからがスターリン主義から決別することを決意し、反スターリン主義運動を創造してきたわが黒田寛一の苦闘をわがものとしうけつぎ、変質し腐敗した現組織指導部を打倒し、反スターリン主義運動を再興しなければばならない。

われわれはこの決意のもとに、新たな反スターリン主義組織の創造をめざして、二〇一九年初春に、日本革命的共産主義者同盟革命的マルクス主義派（探究派）を結成した。われわれは、みずからを変革し鍛えあげるための内部思想闘争をくりひろげつつ、これを主体的組織的拠点として、変質した現指導部のもとにある組織を革命的に解体し止揚するためのイデオロギー的＝組織的闘いをおしすすめてきた。

本書は、われわれのこの苦闘の結晶である。

労働者階級の自己解放をめざし、スターリン主義をその根底からのりこえていくことを意志するすべての仲間たちは、そして、すべての労働者・勤労者・学生・知識人は、本書に主体的に対決されんことを望む。

二〇二〇年六月五日

編著者

Ⅰ　新型コロナウイルス危機との闘い

コロナウイルス危機との闘いを、労働者階級の解放をめざしてたたかおう！

北井信弘

一　新型コロナウイルスとの闘いを、労働者・勤労者の階級的団結をもってたたかいぬこう！

いまや、新型コロナウイルス感染症の拡大は、かつてのコレラやペストの流行の現代版という様相を呈している。ヘーゲルもコレラで死んだ。かつては、コレラやペストに罹ったうえで生きぬき自分自身の体内に抗体をつくった人たちだけが残ったのであった。今回は、感染の拡大をできるだけ緩やかなものにおさえこみながら・その間にワクチンと治療薬を開発し大量に生産しうるか否かに、新型コロナウイルスとの闘いの帰趨はかかっているのである。

新型コロナウイルスの感染拡大とその社会的経済的政治的影響をはねかえすために、労働者・勤労者・外国人労働者・学生・留学生・知識人は、自分たちをプロレタリア階級として組織し、階級的に団結してたたかおう！

労働組合・いろいろな市民的諸団体・地域の諸組織・未組織労働者・個人事業者・学生、そしてあらゆる諸階層の働く人たちは、新型コロナウイルスの感染拡大とその諸影響を阻止するための統一戦線を結成してたたかおう！

いまや、バー・キャバレー・ライブハウス・カラオケなどの娯楽産業や観光・旅館業は壊滅しつつある。基幹産業やその他の諸産業においても、医療関連諸分野や生活必需品諸部門以外は、企業倒産・工場閉鎖・生産の削減に追いこまれている。経済はどんどん収縮しつつある。

金融市場は崩壊し、既存の金融構造そのものが壊滅への道を歩みはじめている。権力者どもと独占資本家どもは、国家財政資金に、すなわち赤字国債の発行と発行された国債の中央銀行による買い付けにのみ頼るようになってきている。

労働者たちは解雇され、また勤務の時間や日数を削減され・自宅待機を命じられ、生活の窮乏にさらされている。真っ先に首を切られたのが、外国人労働者であった。

労働者たち・勤労者たちは、断固として、削減され消失した賃金や収入の全額の補償を政府に要求しよう！　その財源はどうなるのか、というようなことを心配しているときではない。現存する資本主義の枠内で解決策をどうするのか、というように頭をまわしていたのでは袋小路にはまりこんでしまう。

労働者たち・勤労者たちは、自分たちが階級として団結し、自分たちの力でもって生産を管理し、生活を保障する展望を切り拓いていくことを考えよう。

労働組合は、組合員ばかりではなく未組織の労働者にかんしても、首切りを阻止し、減額された賃金を補償するように、自企業の経営者だけではなく政府に要求してたたかおう。

いろいろな労働者団体・市民団体や、地域の諸組織は、生活に貧窮している人たちを直接的に支援すると同時に、この支援に必要な資金を国家資金から援助するように、政府に要求してたたかおう。

新型コロナウイルスの感染拡大をくいとめるために、緊急事態宣言の発令を、政府にお願いし要請する、というのは駄目である。これでは、権力者が、現存する日本型ネオ・ファシズム支配体制をよりいっそう強化することを、労働者たち・勤労者たちが下から支えてしまうことになる。

いまこそ、労働者たち・勤労者たち自身が、そして労働組合・市民団体・地域諸組織自身が、自分たちがどう行動すべきなのかを自主的に・主体的に判断し、自分たちの行動を律するべきである。権力者の支配をよりいっそう強化するようなことを要請してはならない。労働者たち・勤労者たちは、現存する国家権力そのものを打倒し、階級としてみずからを組織した労働者階級が、労働者の国家をつくりだし、自分たちおよび社会のあらゆる人たちの行動指針を決定し規制し、同時にあらゆる社会的生産を管理し遂行する、という展望と決意と意志を自分自身のうちに創造しうちかためようではないか！

中国はどうも新型コロナウイルスの感染をおさえこめそうだから、ああいう政治社会形態のほうがいいんじゃないか、と考えるのも駄目である。

上からやってもらうのではないのである。自分たちがやるのである。

いま存在する政府がどうするのがいいのか、と発想し考えるかぎり、スターリン主義官僚から転化した・資本家的官僚どもと官僚資本家どもの階級の国家が労働者階級を支配するこの国を美化してしまうことになるのである。この国においてもまた、労働者たち・勤労者たちは階級的に団結し、このような国家を打ち倒し、労働者の国家をうちたてなければならないのである。

新型コロナウイルスの感染の拡大と経済危機の犠牲の労働者・勤労者への転嫁を阻止するために、そして強権的な支配体制のよりいっそうの強化をうちくだくために、労働者・勤労者・学生・知識人は、階級的に団結し、統一戦線をつくりだし、たたかいぬこう！

二　労働者階級の解放をめざしてたたかおう！

四月一日の東京市場では、株価は八五一・六〇円（四・五〇％）安となり、ニューヨーク市場では、株価は九七三・六五ドル（四・四四％）安となった。

アメリカのシェールオイルの開発・生産企業の「新型コロナウイルス倒産」第一号が出た。ホワイティング・ペトロリアムである。ＷＴＩ原油先物価格は、三月三〇日には、一八年ぶりの安値一バレル＝一九・二七ドルにまで一時下落していた。アメリカのシェールオイル企業の採算水準は、一バレル＝三〇〜五〇ドル前後といわれていた。これらのシェールオイル企業は、ハイイールド債＝ジャンク債に依存している。もはや、これらの諸企業はもたない。

このようなハイイールド債やレバレッジドローンを寄せ集めて組成された証券を、アメリカ金融当局ＦＲＢは必死で買い支えしている。だが、これらの証券の価格の暴落は必至である。

金融を肥大化させることによってその破綻をのりきってきた・現代帝国主義の政治経済構造たる国家独

占資本主義は、いま、雪崩をうって瓦解しつつある。

新型コロナウイルスの感染拡大を要因とする資本主義そのものの矛盾のこの露呈は、労働者・勤労民衆を失業と窮乏の淵にたたきこんでいる。

全世界の労働者たち・勤労者たちは、「政府は、賃金・収入の低落を全額補填せよ！」と要求して起ちあがろう！　資本主義そのものの危機を直視し、労働者階級の自己解放をめざしてたたかうぞ、という決意をうちかためて、この闘いを推進しよう！

「新型コロナウイルス感染拡大の犠牲の・働く者への転嫁をはねかえそう！」という意志一致のもとに、労働組合・市民諸団体・労働者・勤労者・学生・知識人の統一戦線を創造し、国際的に階級的に団結して、たたかいぬこう！

三　変なスローガン!!――何の犠牲の転嫁なのか？

革マル派現指導部は変な・日本語として意味のつうじないスローガンを出している。

こんな羽目におちいるのは、薬室真郷ら、政治的感覚の鋭い・そうそうたる理論家たちがいなくなってしまったせいなのか。現指導部が彼らを、論文さえも書けない境遇に追いこんでしまったがゆえなのか。

彼ら現指導部は言う。

「新型肺炎の全世界的流行下での労働者人民への犠牲強要反対！」と。

労働者人民が強要されるのは、何の犠牲なのか。この「何の」がない！これでは日本語として成立しない。

また彼らは言う。

「新型コロナウイルスの感染拡大に乗じて安倍政権・独占資本家が策している労働者人民への犠牲転嫁を断じて許してはならない。」と。これでは日本語として成り立たない。労働者人民に転化されるのは、何の犠牲なのか。この「何の」がない！

「新型肺炎の全世界的流行下での」だと！　これでは、その流行は、たんなる条件とみなされているにすぎない。

「新型コロナウイルスの感染拡大に乗じて」だと！　これでは、その感染拡大は、安倍政権・独占資本家が乗じるところのたんなる状況とみなされているにすぎない。

彼らにとっては、新型肺炎の全世界的な流行そのものは問題ではないのである。彼らにとっては、新型コロナウイルスの感染拡大そのものは問題ではないのである。彼らにとっては、新型コロナウイルスの感染拡大と、この拡大をくいとめるために各国権力者がとっている強硬措置とによって経済危機がうみだされていることそのものは問題ではないのである。

危機意識が足りない！

いや、それとも、新型コロナウイルスの感染拡大と経済危機とに対処するために安倍政権・独占資本家がやっていることは仕方のないことであって、その状況に乗じて安倍政権・独占資本家がやっていることが労働者人民にとって悪いことなのだ、と彼ら現指導部は感覚し考えているのであろうか。

この両方であろう。

新型コロナウイルスの感染拡大そのものと、この拡大およびこの拡大をくいとめるために各国の権力者どもがとっている強硬措置によって生みだされている経済危機、これの犠牲を、安倍政権・独占資本家どもは、労働者人民に転化し強要しているのである。

労働者人民は、感染拡大と経済危機の犠牲の自分たちへの転嫁をはねかえすために、安倍政権・独占資本家どもにたちむかい、階級的に団結してたたかわなければならないのである。

彼ら現指導部は言う。

「資本家どもは新型コロナウイルス禍に〝便乗〟して首切り・雇止め、賃金削減にうってでている。」と。

「〝便乗〟して」だと！　資本家は何と余裕があることか。いま、資本家自身が悲鳴をあげているのである。彼らは、いま、企業倒産の危機、工場閉鎖の危機に陥っているのである。この危機をのりきるために、派遣労働者を切り捨て、パート労働者の出勤日・出勤時間を削減、あるいは彼らを解雇し、また正規雇用労働者を休ませ、これらの措置によって生産の縮小に対応すると同時に賃金支出を大幅に削減する、というようにやっているのである。

「〝便乗〟して」などというのんきな話ではないのである。中小企業では、社長が涙を流して、「うちはもうやっていけません。つらいのですが皆さんには辞めてもらう以外にありません」、と労働者たちの首を即刻切っているのである。「雇止め」などという生易しい話ではない。契約更新の時期を待っている余裕などはないのである。労働者たちは、ただちに、自宅待機、賃金は無し、を命ぜられているのである。

「〝便乗〟」した部分だけが問題なのか！　そんな部分はほんの少しである。実際にあらゆる部面において危機なのである。だからこそ、これの犠牲の転嫁をはねかえす闘いは困難なのである。だからこそ、労働者人民は階級的に団結してたたかわなければならないのである。

「新型コロナウイルス禍」とは、なんと労働者人民から浮き上がった人間の現実把握であることか！

時給で暮らしている労働者たちは、家賃の遅れによる追い立て、ガス・水道・電気などのライフラインの遮断、携帯電話などの通信手段の停止、というような危機に追いこまれているのである。職を失っている非正規雇用の労働者人民にとって、それは、絶望への入り口なのである。

すべての労働者人民が、「ライフラインを止めるな！」と声をあげ、連帯した闘いをつくりあげていかなければならない。

アルバイトで生活している外国人留学生や、外国人講師をはじめとする外国人労働者は悲惨である。

外国人留学生・外国人労働者の生活を守ろう！

職場から地域から学園から正規雇用・非正規雇用の枠をこえ、国境をこえた労働者・勤労者・学生の団結をつくろう！

革マル派現指導部は、このような労働者人民の実際の苦しみとこれをうちやぶる闘いとは無縁な存在になり果てているのである。

四　「全人類的危機」の呼号者への転落

「全人類」の立場にたて、と資本家階級に説教する革マル派現指導部

「解放」の中身はひどい。悲惨だ。

ゴルバチョフばりの「全人類的危機」の呼号である。描きだされているのは〈コロナウイルス↑↓全人類〉という図式である。

資本家階級を弾劾するのは、この図式を基準としてであり、こんなに危機なのに全人類を救う気がない、というものなのである。自分たち独占資本の延命のためにのみ血道をあげており、人類の延命の道を考えていない、というものなのである。

革マル派現指導部は言う。

「まさに世界各地で人民が次々と命を落としているという全人類的危機のなかで、各国の資本家階級は独占資本の延命のためにのみ血道をあげ、一切の犠牲を労働者階級人民に強制しているのだ。」と。（傍点は引用者）

この展開は、今回の危機は〈コロナウイルス↑↓全人類〉という全人類的危機なのだから、資本家階級

が自分たちの延命のために血道をあげるのはわかるけれども、自分たちの延命のためにのみ血道をあげ労働者階級人民を犠牲にするのは利己主義であって、労働者階級人民の延命のためのことをも考えないのが悪い、というものなのである。

これは、資本家階級に全人類的立場にたつべきことを説教するものではないか。これは、全人類が危機に瀕しているときに、資本家階級は自分たちが助かることのみを考えている、ズルイ、ズルイ、と騒いでいるものなのである。

いま、大波にのまれて船が沈もうとしているときに、全人類のみんながこの船に乗っているのに、資本家階級は、労働者階級人民をこの船から放り出して自分たちのみが助かろうとしている、全員が助かる手立てを考えない、これは許せない、と岸に立っている人が怒っている。――革マル派現指導部の怒りはこのようなものなのである。

「まさに世界各地で人民が次々と命を落としているという全人類的危機のなかで」というように、革マル派現指導部は、危機的現実の外側からこの現実のなかを覗きこんで、これは「全人類的危機」だと騒いでいるにすぎないのである。彼ら現指導部は、資本家階級が労働者階級に真っ向から攻撃を仕掛けてくることそのものを、危機だ、と感じているのではないのである。彼らにとっては、資本家階級と労働者階級とを包みこんでいるところのものが危機なのである。彼らは、おのれを、資本家階級に真っ向から対決している労働者階級の一員としては感覚していないのである。彼らは、労働者階級をその外側から眺めているのである。

革マル派現指導部はこのような存在になり果てているのである。

茹でガエルの最後の痙攣――ブルジョア民主主義の擁護者への転落

革マル派現指導部は、今日の事態をさして言う。

「まさにそれはブルジョア民主主義の歴史的な終焉という重大な意味をもっているのだ。」と。

そのすぐ後には次のように書かれている。

「日本型ネオ・ファシズム支配体制を一段と強化し」と。

彼ら現指導部は、この二つの句を並べて書いても、この両者が言語的に矛盾するとは感じないのだ。

革マル派現指導部は、現在の日本の政治的現実をどう分析するのか。現在の日本ではブルジョア民主主義が実現されている、すなわち現在の日本の国家の現実形態はブルジョア民主主義的統治形態である、と分析するのか。それとも、現在の日本では日本型ネオ・ファシズム支配体制が確立されている、すなわち現在の日本の国家の現実形態は日本型ネオ・ファシズム統治形態である、と分析するのか。この両者は二律背反なのである。

「ブルジョア民主主義の歴史的終焉をまだむかえておらずブルジョア民主主義の実現されている日本型ネオ・ファシズム支配体制」というのは言語矛盾なのではないだろうか。

ストライキをうてないまでに労働組合が破壊させ変質させられ、労働者たちがあらゆる諸権利を奪われ、低賃金と過酷な労働に苦しめられ、民衆はその諸行動を監視カメラで監視され、自民党が公明党を従えて国会で多数を握り、権力者・安倍晋三が横暴を極めている日本のこの現実を、革マル派現指導部は、あろうことか、ブルジョア民主主義が実現されている、と感覚しているのである。

彼らの内面は、屈従意識・奴隷意識で満たされているのである。反逆精神は何もないのである。茹《ゆ》でガエルの最後の痙攣というべきか。いまになって、ブルジョア民主主義が歴史的に終焉する、と彼らは驚きあわてているのである。

権力者は、いま、「労働者の権利・民主主義的な諸権利の一切合切を奪いとることをこそたくらんでいる」、と彼らは言うのである。彼らは、これまではそれらの諸権利は保証されていた、と感覚しているのである。彼らにとっては、奴隷であることが正常だったのである。

革マル派現指導部はブルジョア民主主義者に転落したのである。ブルジョア自由主義者に落ちぶれたのである。彼らにはプロレタリア的な感覚は何もないのである。

〝ウイルスの叛逆〟?!

革マル派現指導部は、現下の新型感染症の蔓延を、「二十一世紀文明への〝ウイルスの叛逆〟」としておしだしている。

これは、彼らが、感性的にもおかしく理論的にも衰退しているみずからの姿を、超階級的なエコロジーのイデオロギーを身にまとっておおい隠そうとするものである。「叛逆」というようにウイルスを人格化して表現し、〈ウイルス←→全人類〉戦争という・アニメで描かれる宇宙大戦争のような像をこしらえあげることによって、みずからの分析力のなさをのりきっているのが、彼ら現指導部なのである。

彼らは言う。

「エコシステムの攪乱・変容・破壊のなかから生みだされたのが新型コロナウイルスをはじめとする新たなウイルス（や細菌）であるといえる。まさにそれは、二十一世紀文明にたいする〝ウイルスの叛逆〟という意味をもっているのである。」と。

彼らは、新型コロナウイルスの蔓延というこの現実を分析しているのではない。彼らは、「新型コロナウイルスをはじめとする新たなウイルス（細菌）」というように、一般的なものあるいは種々雑多なもののなかに新型コロナウイルスを埋没させたうえで、「エコシステムの攪乱・変容・破壊のなかから生みだされた」という・アプリオリ（先験的）に前提としたエコロジスト的テーゼから解釈主義的に解釈しているだけの話なのである。

彼らには、アメリカの権力者と中国の権力者とが、自国における新型コロナウイルス感染症の蔓延をひたすらに隠しつづけ、その起源の在り処を相手になすりつけあっている、というこの事態を見すえ、何かおかしい、何かあるぞ、というように直観を働かせる、ということさえもがないのである。この事態を見るならば、新型コロナウイルスは、アメリカあるいは中国においてウイルス兵器として開発されていた途上のものが漏れ出したもの、という可能性もある、というようにプロレタリア的な階級的直観を働かせることとは、彼らは無縁なのである。

彼らには、直接的現実を出発点として、そこから下向的に分析していく、という思惟はまったくない。どこかから借りてきたイデオロギーでもって、うすぼんやりと見えているにすぎない現実を解釈することしか、彼らにはできないのである。

借りてきたものが、没階級的なエコロジストからのものであったことからして、彼らはマルクス主義を捨てたのである。

言葉を二つくっつけただけの「パンデミック恐慌」論

経済学を少しでも勉強した者は、革マル派現指導部のなかにはいない。

彼らは、「パンデミック恐慌」という言葉をがなりたてはじめた。ただこの言葉だけ。センセーショナルに響く言葉を二つくっつけただけなのだ。「パンデミック」という言葉と「恐慌」という言葉とを、である。

彼ら現指導部は言う。

「事態は」「たとえ金融不安を発火点とした恐慌ではないとしても」「まさしく世界はパンデミックと恐慌とが相乗する〈パンデミック恐慌〉へと突入したといわなければならない。」と。

「パンデミックと恐慌とが相乗する」などといっても、現下の社会的経済的事態の何の分析でもない。彼らの頭のなかの混乱が相乗し、脳みそが液状化現象を起こしている、というだけのことである。

もしもこの言葉が何らかの意味をもつ、というように善意に理解するのであるならば、現在の直接的現実を、新型コロナウイルス感染症の全世界的な蔓延が全世界的規模での経済の収縮をもたらしている、というように、彼らがきわめて皮相に現象論的に分析しているのだ、と捉えることができる。

けれども、感染症の蔓延と経済の収縮とを直接的にくっつける、というのは、皮相すぎる。前者の感染症への各国権力者の対応、すなわち外出禁止とか都市封鎖とか渡航の禁止とかの諸措置の強行ということの分析がぬけおちているからである。

また、感染症の蔓延が経済の収縮をもたらしている、ということは、右のことをおさえるかぎりいえるとしても、経済の収縮が感染症の蔓延をもたらしている、というのは、いったいどういう現実をさしているのかはわからない。

彼らにとっては、そういうことは関心がないのであろう。彼らは現実を分析する、というようには頭をまわしていないのであろう。一週間のうちに「解放」の紙面を埋めるために、どういう言葉をひねりだすのか、というようにしか、彼らは考えていないのであろう。

それにしても、彼らがこの言葉をひねりだすために基準としている理論的なものは、何と低水準なものなのであろう。

「たとえ金融不安を発火点とした恐慌ではないとしても」というのが、彼らの理論的基準なのである。これは、ブル新の記者が書いているものから借りてきたものでしかない。

金融不安を発火点としたものが恐慌の典型的形態である、などというのは何派の経済学なのであろうか。流通主義丸出しである。ブル新の記者でさえも、「恐慌」などという言葉を使えばその規定が問題となる、ということを恐れるので、「金融不安を発火点とした景気後退ではないとしても」というように、現象論的な用語で一貫させるのである。

革マル派現指導部は、何はともあれセンセーショナルに響く言葉を使いたいという一心で、そしてその言葉でもって「解放」の見出しをつくりたいという一心で、ブル新の記者が書いている句を、そのなかの「景気後退」という言葉を「恐慌」という言葉に換えて、借用したのである。彼ら現指導部には、現実を「恐慌」というように分析するのであるならば、マルクスの言う「資本の過剰とそれにもとづく労働力の過剰」という規定を適用しなければならない、という理論的感覚さえもがないのである。彼らは、そのようなことを思い起こすことがない、という理論的水準なのであり、惰性態と化した存在なのである。

彼らにこんなことを言っても、猫に小判、馬の耳に念仏であろうが、宇野弘蔵の恐慌論や大内力の国家独占資本主義論、そしてこれらを黒田寛一が批判的に摂取した理論、さらには二〇〇八年のリーマンショックとしてあらわとなった金融的バブルの膨張とその崩壊にかんする現状分析、これらを現下の経済危機の分析に適用しなければならない、という問題意識および方法意識は、まったくないのである。

彼らは、党派としてのメンツを取り繕い自己の存続を図るために、「解放」の紙面を埋めることに腐心する、という存在になり果てているのである。

二〇二〇年四月六日

新型コロナウイルスの起源をめぐる〝闇〟

佐久間置太

新型コロナウイルス感染症は、ほぼ全世界に蔓延し、多くの死者と重症者をもたらしているだけではない。各国における医療システムの崩壊、各国・世界経済の収縮と金融危機、企業倒産・休業の連鎖と、資本が生き延びるためのなりふり構わぬ労働者への犠牲の転嫁（夥しい数の労働者の解雇・レイオフ、賃金引き下げ、「個人事業主」の契約解除、「派遣切り」等々）。そして各国支配階級によるこの危機の責任をめぐる排外主義的なキャンペーンの洪水……。

いま世界は、労働者人民の悲痛な叫びと怒りに満ち、このような危機と悲惨の報道であふれかえっている。ごく最近では、日本の首都圏での感染の急拡大とともに、イタリア・スペインでの死者の激増と「医療崩壊」、ニューヨークを象徴とするアメリカでの感染「爆発」が取り沙汰されない日はない。この危機は、様々な観点から分析されなければならないが、ここではトランプのアメリカと習近平の中国との互いの「責任」転嫁と醜悪な応酬から透けてくる新型コロナウイルスの起源をめぐる〝闇〟について論及したい。

〔1〕

今回の新型コロナ感染症は、最初に感染が拡大した中国の武漢市から始まった、というのが一般的な見方となってきた。雑多な野生動物を捕獲して食するという食文化をなお残している中国で、武漢の市場で売られていたコウモリに由来するコロナウイルスがセンザンコウなどの中間宿主を介して人間に感染したものという見方が当初から流布されてきたのである。（他方では、武漢の軍の研究所から漏れ出たという説も、サンケイ等によって流布されてもきた。）

このこともあって、トランプのアメリカは新型コロナウイルスを「中国ウイルス」「武漢ウイルス」と呼ぶことを各国の政府にも強要し、反中国の排外主義的なキャンペーンを必死で行っている。そして、いち早くコロナウイルス感染症を「鎮圧」したと称する習近平の中国は、他の、今まさに感染が拡大している諸国にたいして「支援」を呼びかけ、汚名の返上と国際的威信の回復・高揚に乗り出してもいる。そして、このような米中の応酬の過程で重大な事実が浮かびあがったのである。

われわれが米中の応酬の激化からその深層をとらえる契機は、三月一二日の中国外務省の趙立堅副報道局長のツイッター上での主張が報道された（共同通信配信）ことであった。「新型ウイルスはアメリカ陸軍が武漢にもちこんだ可能性がある」と、「証拠を示さず主張」したというものである。他方では、この主張は、実はアメリカ疾病対策センター（ＣＤＣ）のレッドフィールド所長が、米国内でインフルエンザが死因とされた死者の一部で、死後の検査で新型コロナウイルスの感染が確認されたと証言した（二月一八日）

ことを受けたもの、とされていた。さらに、『社会新報』四月一日号では、中国側の主張は、次のような事実に基づくものとされている。

昨年一〇月に武漢で開催された「世界軍人運動会（オリンピック）」に参加した米軍人五人が、体調不良で武漢の感染症病院で診察を受け、二人が入院した。その後、米軍が特別機でこの五人を送還した。中国側は、彼らが「患者零号」の疑いありとみて米ＣＤＣレッドフィールド主任に問い合わせ中だが、米側は返答していない。

趙立堅は、このことに遡って、コロナウイルスの「アメリカ軍人による武漢もちこみ」を主張しているとのことである。現時点で、この説に関して中国政府当局は明確な見解を示してはいない。中国当局はトランプ政権の「中国ウイルス」非難を排撃しながらも、「真相の科学的究明」を唱えるにとどまり、慎重な姿勢を見せているといえる。（彼らは米軍当局による意図的なウイルスの持ち込みを疑っている可能性もある。だが、もしもそのように断定し表明するならば、アメリカが中国に対して、ウイルス兵器を用いた戦争・テロルを仕掛けたことを意味し、中国側にとっても引っ込みのつかない事態になってしまうのである。）

他方、米側の動きを見ると、当初は、大統領トランプが「コロナはたいしたことは無い。問題はインフルエンザだ。」だなどと言ってのけていた。（レッドフィールド自身も、二月八日の時点では「新型コロナよりインフルエンザ」と述べていた。）しかし、レッドフィールドは、一八日の証言に先立つ二月一四日に、新型コロナウイルス感染の検査対象を拡大することを表明した。それまでは中国からの渡来者（帰還者）等に限られていた検査対象を、今後はインフルエンザの症状の見られるものに拡大する、というのである。

そしてこの転換いこうに、実際に検査が拡大されてからは驚くべきテンポで感染者が〝発見〟された。ジョンズ・ホプキンス大学の集計によれば、三月二七日には全米の感染者は一〇万人を超え、中国が公式に発表している中国国内の罹患者数を遙かに凌駕した（四月一日には、一八万人超）。今やアメリカこそが〝パンデミック〟の渦心であることが明らかとなったのである。

しかも、われわれが重視すべきは、レッドフィールド所長の証言も検査方針の転換も、それが極めて深刻な意味をもつにもかかわらず、主要マスコミによってはほとんど報道・解説されてこなかったという事実である。米国政府は事実を隠蔽するために様々な方策を用いていたにちがいない。

〔2〕

アメリカでは、この冬期にインフルエンザが猛威をふるい、感染者二六〇〇万人、死者一万四〇〇〇人と言われている。ところが、その死者の一部から新型コロナウイルスが検出された、となれば、本当の病因・死因は、かなりの頻度で実は新型コロナウイルス感染症だったのではないか、という疑惑がでてくる。二月一四日の時点では、全米の新型コロナウイルス感染の検査数はわずか四四三人で、そのうち一五人と言われていた感染者があっというまに一〇万人を超えるというのは、武漢よりも急激な感染拡大であり、いかにも不自然。むしろ、かなり以前から広汎に存在していたコロナウイルスの感染者が、二月一四日の転換以後の検査対象の拡大によって次々と明るみに出てきた、というのが真相ではないか。毎日万単位で増加する感染判明者、検査対象のほとんどが感染していたというのが実態ではないか。殊にニューヨークの感染爆発は凄まじく、すでに「医療崩壊」が起きている。

なお、今になってアメリカ海軍の原子力空母の多数の乗組員が新型コロナに感染していることが報道されている。原子力空母は、長期にわたって海洋を遊弋するのが普通であり、感染者は搭乗以前に感染していたと推測される。この事実からも、アメリカ国内でかなり以前から新型コロナウイルスが蔓延していたことが推測される。〝コロナ危機〟は、米軍の綻びさえもたらしている。

またレッドフィールド所長が検査方針を「転換」したのは、なぜか。彼自身が、武漢運動会に参加した陸軍軍人の件などを通じて真相を察知し、疾病対策の責任者としての良心にもとづいて先行的に発表したとすればあまりにも手遅れ。いやいや、レッドフィールドが真相を知らないはずはない。アメリカ国内で新型コロナ感染症が流行しつつある事態を隠蔽してきたトランプ政権が、これ以上隠蔽することによってもたらされるであろう破局を恐れて、政策の転換を意図し、その手先である疾病センター長に発表させたというのが、真相であろう。（その転換は、二月一〇日前後ということになる。）いずれにせよ、アメリカ国内で新型コロナウイルスが蔓延しているにもかかわらず、アメリカ国民にも「国際社会」にも隠蔽し、すべてを「インフルエンザ」として処理し、新型コロナウイルス感染症が中国・武漢から世界に伝播したということがいわば「定説」となってから、アメリカ政府としての新型コロナ感染症への対応を転換した、ととらえるのが妥当であろう。（今日の科学技術をもってすれば、遺伝子の解析によって、各地で蔓延する新型コロナウイルスが、アメリカ由来か、武漢由来か、はたまた…ということは解明できるはずであるが、今日の米中の応酬のもとで、それは重大かつ深刻な機密を明るみに出すものとして、封殺・隠蔽されるであろう。）「中国由来」のウイルスに神経をとがらせていた欧州諸国でも武漢・湖北省を上回る感染爆発がおきたのは、実は「アメリカ発」のウイルスに〝虚〟をつかれたからではないのか、という推測もなりたつ。米・欧間の相互の波及と逆流を通じて、両地域が凄まじい感染域となったのではないかとも言える。もちろん、若者の失業者が多い・域内の移動が頻繁（欧州諸国）、医療保険がないために労働者・低所得者が高負担のために医療サービスを受けられない（アメリカ）というそれぞれに固有の条件はあるにしても。

〔3〕

問題は、その地理的起源だけではない。両国政府の厳重な報道統制、事実の隠蔽の裏に潜むもう一つの〝闇〟もまた照らされなければならない。

新型コロナウイルスについては、当初から自然由来（自然界における突然変異によるもの）ではなく人工物（遺伝子技術によって人為的に改変されたもの）ではないか、ということが人口に膾炙していた。すなわちウイルス兵器の開発途上で、人為的にか・偶発的にか、市中に漏れ出したもの、という可能性が浮かびあがるのである。この疑惑は「陰謀説」などと茶化されたりもしているのであるが、極めて現実的なものである。米中のいずれが〝主犯〟であるのか、あるいはいずれもが〝真犯人〟であるのかは現時点ではなお定かではないが、われわれは革命的な警戒心を漲らせて事態の進展を的確に分析しなければならない。いずれにせよ、トランプ政権、習近平政権のいずれもがとった異常ともいうべき、新型コロナウイルスに関する情報統制、感染拡大の隠蔽策動、そして双方の相手方への責任転嫁の応酬は、彼らがその真相の露呈を恐れてのことであろうことは疑いない。

〔なお、革マル派機関紙「解放」二六二三号（四月六日付）には、「新型コロナウイルスの出生の闇」という文章が掲載されている。そこでは「中国ネオ・スターリニスト官僚の国家戦略に組み込まれたウイルス研究」が暴かれている。それじたいの内実はともかくとして、この論文の筆者は、アメリカ・トランプ政権のあまりに異常な動向についてては一顧だにしていない。「三月八日」という論文の日付からすれば、趙立堅の発言などが報道される少し前であるとはいえ、趙の発言などが報道されてから当該号が発行されるまでに三週間近く経過しているにもかかわらず、「解放」編集者も何ら頓着していないのである。――それが、右翼ジャーナリズムの流す「反中」報道に乗っかっているからなのか、はたまた「ネオ・スターリニスト官僚」の悪行を何としても暴露しなければというつんのめった姿勢からなのか、は定かではない。いずれにせよ、かつて革マル派を引っ張っていた理論家たちが次々と筆を折り、官僚化した現指導部率いる革マル派からは鋭い政治的感覚も、分析・推論能力もスッカリ蒸発してしまっていることだけは間違いない。もはや〝チンプンカンプン〟の域に達しているのである。〕

〔4〕

以上のような分析・推論に基づくならば、われわれは、まさにトランプをはじめとする現代帝国主義権力者と、習近平ら、スターリン主義官僚から転換した国家資本主義権力者との醜悪な抗争の集約的露呈として、今日の〝コロナ危機〟をとらえ、彼らを弾劾するのでなければならない。各国権力者の対応が「後手後手」だとか、「無為無策」「不手際」だとかという問題ではないのである。

それだけではない。新型コロナウイルスの蔓延のもたらしつつある・まさに未曾有の医学的・経済的・政治的危機の累乗化のもと、しかも各国権力者による排外主義的キャンペーンの煙幕のもとで、この危機の犠牲が労働者階級・貧困者に集中的に転嫁されつつある。各国権力者どもは、「対コロナ戦争」「緊急事態」の名のもとに、人民大衆の生命と生活を守ることより、人民大衆を政府の強権的な諸政策のもとに従わせ・それに馴化させることを通じて、〝コロナ危機〟をのりきり、資本主義の延命をはかることを策しているのである。

日本の安倍政権の場合には、自民党政権がもたらしてきた医療・福祉制度の形骸化を条件として、今まさに切迫する「医療崩壊」の危機を前にして、緊急の医療・感染防護体制の構築をすら放棄し、もっぱら企業危機・政権そのものの危機の乗り切りに精を出していることは、諸外国政府との対比でも顕著である。日本でも感染者＝患者が急激に増加し、次々と死者がでているにもかかわらず、〝マスクをせよ！　手洗いを励行せよ！　出歩くな！　集まるな！　若者は高齢者に移すな！〟という類いのネガティブな規制（恫喝）以外には、泥縄式の対処すらまともに行ってはいない。今や、諸医療・介護施設およびそのシステムを全面的に再編成し、大量の薬剤・機器を準備しないかぎり「医療崩壊」も「感染爆発」も食いとめようがないにもかかわらず、安倍が自慢げに行っている「各住所毎に布製マスク二枚送付」などという人民を愚弄する小手先細工は、自民党内部からさえ「アベノマスク」などと嘲笑されているありさまである。（政府お抱えの御用学者ですら、「感染爆発の前に、医療崩壊がある、今なんとかしなければ……」等と悲鳴をあげているにもかかわらず。「感染爆発」の実体的根拠が「医療崩壊」なのである。）さらにまた、緊急事態法の改定をステップにして、火事場泥棒的な憲法改悪さえをも彼らは狙っている。

いやそもそも、安倍政権も小池都政も、新型コロナウイルス感染者を少なく見せることに狂奔してきたではないか。東京では、オリンピックの延期が定まるや否や、「感染者数」は激増した。このことは小池都政も安倍政権も、東京オリンピックの開催のために、事態を軽く見せ、人民を犠牲に供してきたことを意味する。（安倍には、検査体制を充実させるという発想は最初からないのであり、発症者・感染者をどう扱うか、しか考えてはいないのだ。）ついに今や、東京は「第二のニューヨーク」と化しつつあり、この東京を渦心として、千葉・神奈川・埼玉などの首都圏各地に、新型コロナ感染は急速に拡大しつつあるのだ。

われわれは、わがプロレタリアートが、世界各地で二重三重の意味で〝死〟の谷につきおとされつつある現状を、座視することはできない。例えば、欧米の悲惨な現実はさかんに報道されているが、イランやインドでも事態は極めて深刻である。イランでは、アメリカ帝国主義の経済封鎖によって、必要な薬品も医療資材・機器も払底している。またインドでは、職を失った夥しい数の労働者たちが、住と食を求めて、都市部から辺境部の郷里への徒歩での退避行においこまれている。人口が一三億人を超えるインドで、その数は一体いかほどに及ぶのであろうか。〝コロナ難民の死の行進〟と言わずして何と言うべきか。かつて産業革命の時代に、インド総督をして〝デカン高原は綿業職人たちの骨で白くなった〟といわしめた事態が、この二一世紀現代に現出しかねないのである。

全米各地で、銃砲店の前には行列ができ、店頭からは銃が消えた、と言われる。米中の覇権争いを軸とする戦争勃発の危機も深まるであろう。この危機の行く末は、またもや硝煙と流血の世界であろうか。いや、決してそうであってはならない。全世界のプロレタリアートは、連帯・団結してこの危機を突破し、新しい世界を創造しよう！

全世界のプロレタリアートは、階級的に団結し、われわれ自身の命と生活をまもり、われわれ労働者自身が主役となる希望に満ちた世界を構築するために、ともに闘おう！

二〇二〇年四月三日

新型コロナウイルス危機と対決するわれわれの思想問題

世界金融恐慌におびえる、米日欧の帝国主義権力者と独占資本家階級、そして中国の国家資本主義の官僚資本家ども

黒江龍行

いまコロナウイルスの全世界への蔓延によって、中国は経済活動が収縮し、中国の一～三月期の経済成長率が、一九九二年に四半期ごとの成長率を公表してから初めてマイナスとなる。中国国内で感染症拡大防止の対策としておこなっている移動制限や操業制限によって、生産自体が縮小し続けているのである。

米欧・アジアの権力者が渡航禁止、緊急事態宣言を相次いで発することによって、ニューヨーク株式市場では、優良株によって構成されるダウ工業株三〇種平均が連日一〇〇〇ドル（一〇万円）も下落し、三月一八日には前日終値比一四四七・一四ドル安の一万九七九〇・二四ドルとなり、二万ドルを割り込んだ。下げ幅は一時一五〇〇ドル近くに達した。サーキットブレーカーとよばれる取引停止措置が四回も始動した。

これは、前日一七日にトランプ政権が大型経済対策七五〇〇億ドルの財政支出を決定したことを受け、

これへの期待から株価は大幅反発したのであったが、市場の機関投資家たち（銀行、投資銀行、ヘッジファンドからなる。与信業務による収益が世界的低金利に規定されて小さいために、高利率でリスクの高い金融商品に群がってきた投資家。ヘッジファンドや投資銀行が主体であるところのそれ）が経済の先行き不安に駆られたからである。アメリカ経済の景気後退が避けられない、と機関投資家らはパニックにおちいっているのである。

彼らは、株式市場の下落がつづき、底が見通せないことから、もはや、株式市場や債券市場（株式や国債、社債の市場）での資金の投機的運用を続けるのではなく、現金を手元に確保するという動きを開始し始めているのである。なんと、安全資産というように投資家どもに観念されている国債や金までもの価格が下落しているのであり、もはや国債価格が上昇（利回りは低下）さえしなくなり始めているのである。投資家は、国債や金までもが信用を失う事態がおきるにちがいないと恐れて、手元に現金を確保し始めたわけである。

これは、実質上の取り付けであり、金融恐慌や経済恐慌へと突き進む実在的可能性がたかまっていることをしめしているのである。

ＦＲＢ（アメリカ連邦準備制度理事会）は市場の動揺を抑え込むために短期国債や中長期国債を買い入れ、短期金融市場などに資金を供給し、金融市場で銀行が融通するための資金が逼迫することを防ごうと必死である。しかし、このようなＦＲＢの対応を目の当たりにして、投資家たちは、いよいよＦＲＢが金融市場へマネーを投入することによっては金融市場（株式、債券市場）の下落をとめることもできなくなってきた、とみてとっている。なぜなら、現在、引き起こされているのは、単に金融市場の動揺にとどまらず、資本による商品生産そのものが、すなわち、世界の生産、流通、消費が混乱し、収縮しはじめ、コロナ感染症拡大が続く限り、それは悪くなる一方であるからなのである。（三月一八日の終値が一万九八九八ドル。これにより二月の最高値から一万ドルの下落幅となりトランプ就任時の水準に落ち込んだ。二〇一七年にトランプ政権が成立して以降に株価が上昇した分が消し飛んだのである。また、四％超の急騰か急落かが続くという異常な値動きが、連続して八営業日に達し、一九二九年一一月の大恐慌時（六営業日）を超えた。）

二〇〇八年のリーマンショック（英語表記では、ザ・グローバル・フィナンシャル・クライシス、つまり金融恐慌である）――投資銀行リーマンブラザーズの経営破綻に端を発した金融危機――と全世界的な恐慌的危機は、中国が四兆元（当時のレートで五七兆円。日本の年間財政規模の半分に当たる）におよぶ財政支出によって景気浮揚をはかる、というかたちで、辛くも、破綻ののりきりを遂げたのであったが、今回はもはや同じような形態で世界経済の危機をのりきることはできない。なぜなら、中国自体がコロナ感染拡大にもとづく経済の収縮におちいっているからである。生産、流通、消費が激減しているからである。それゆえにこの金融経済の危機を脱出するための方策がないわけなのである。

株式市場の下落がやがて金融システム自体の崩壊へ連鎖しはじめる

アメリカの株式・債券市場において、全世界的な低金利のゆえに、銀行資本は、ハイリスクハイリターンの金融商品、すなわちハイイールド債ないしジャンク債（ハイイールド債と同じ意味。高リスク高利回りの債権。投機的格付けの社債。具体的には格付け機関SアンドP、ムーディーズのBB以下、Ba以下の低格付け債）と呼ばれる信用度の低い社債への投資や、レバレッジドローン（信用度の低い企業への貸付債権、つまり融資＝ローン）を複数よせ集めて組成し証券化した金融商品（CLO＝ローン担保証券）、このような金融商品を購入し、収益を上げる、という投資行動をとってきた（たとえば、日本の農林中央金庫はCLO投資を急拡大して六兆五千億円を投入している）。

この証券は、アメリカのシェールオイル企業への融資からなるレバレッジドローンをつかって証券化したものが多い。そして、現在二〇日には遂に原油価格が一バレル＝二〇ドルを下回った（アメリカのシェールオイル資本を破綻に追い込む、というロシアの目論見がからんでいる）。原油価格の下落という事態が現出したのである。シェールオイル企業の採算ラインが一バレル＝三〇ドル～五〇ドルであることからして、すでに採算を割っており、この原油価格の下落が続けばシェールオイルは倒産する。この倒産によって債権を回収できなくなる、つまり膨大な債権が不良債権化する＝債券が紙切れと化す、という事態がうみだされるのはすでに時間の問題となっている。

このジャンク債が不良債権化すれば、それが起爆材となって、不良債権を多額に抱え込んだ金融機関は破綻の危機に陥る。このように特定の金融機関の破綻の可能性が高まると、銀行間の資金調達市場である短期金融市場の金利が高まり、そのことによって銀行間の資金融通の停滞や、銀行に貸し付けている無担保コール資金のデフォルト（銀行が返してもらえなくなる＝紙切れと化す）や、さらには、そのような疑心暗鬼にもとづく・連鎖的な金融機関の破綻の可能性が高まるのである。

このような事態は、現在では、さきに述べたように、シェールオイル企業の経営破綻によって、これらの企業が発行していた社債が紙切れになる、あるいは、ＣＬＯが暴落するということを引き金として引き起こされかねない、ということなのである。そのような事態に至った時には金融システムが崩れる可能性が一気にたかまるのである。こうした金融危機にたいしては、アメリカ政府・ＦＲＢ（連邦準備制度理事会）はリーマンブラザーズの経営破綻の際におこなったのと同様の緊急対策をとるだろう。投資銀行の再編、レバレッジドローン、ジャンク債のデフォルトに備えた保険会社への公的資金の投入（ＡＩＧにやったような資金投入）などがそれである。また、デフォルトに備えた保険商品を抱えている機関を実質的に国営化してのりきる、ということなどである。

しかし、先にのべたように、今回のコロナ経済危機の現局面がかつてのリーマンショックの時と決定的に異なるのは、資本による商品生産それ自体が収縮していることなのである。しかも世界経済の回復、つまり生産、流通、消費（生産、交換、分配、消費）の復旧が不可能であるということである。いま起こっている事態を見るならば、そう判断しうるのである。アメリカでの自動車工場は操業縮小を開始した。またＪＡＬは五〇〇〇人の客室乗務員を自宅待機させると発表した。米欧間や中国、韓国、日本間の出入国を制限しているのであるからして、製造業の部品調達は当然にも停滞しているのである。さらに、日産はスペイン工場で三〇〇〇人を解雇した。イギリス工場は生産を停止した。このような事態が現出しているのである。

コロナ感染の拡大による経済危機は自然的災害ではない。資本制商品経済の歪みが根拠である

もはや、一九二九年大恐慌に並ぶ、世界的恐慌が引き起こされる可能性が高い、と言わなければならない。ソ連崩壊後に帝国主義は政治経済構造を変貌させ、その国家独占資本主義という形態を形態的に変化させて延命してきた。独占資本家どもは、一方では、マネーゲームによって絶えず金融市場でのバブルを、したがって金融的活況をつくりだし、金融的な利益を拡大してきた。それとともに、他方では、なによりも、労働者に超長時間労働を強要し、賃金を徹底的に抑制することによって、賃金上昇圧力を抑え込んできた。そしてそれを制度的に可能にするために労働市場の規制緩和と称して非正規雇用を拡大し、低賃金労働者を大量に生み出してきた。こうして、彼らは、政府の超低金利政策の貫徹を条件とした利子率の低下のもとで、資本の利潤率を確保することによって、資本の過剰が露呈することを抑止してきたわけである。

しかし、いま、始まったコロナ感染症の拡大による世界的な経済危機は、帝国主義の恐慌を回避していくための構造ではついに、矛盾をのりきることが出来ないところにまでつきすすんでいるのである。

そして、このようなコロナ感染症の拡大を条件とする恐慌ともいうべき事態は、資本制商品経済の歪みを根本として生み出されているのだ、ということをこそつかみとるべきである。コロナウイルスという感染症によって人類社会が危機に直面している、ということなのでは決してない。いま生み出されている経

済危機は、ウイルスという自然的な要因によって人類が陥っている自然災害なのでは決してないのである。安倍やトランプらがコロナ感染症の拡大と闘う最高責任者としてみずからを押し出し、自国民の危機をのりこえるために一丸となろう、などと言おうとも、そうである。

コロナウイルス感染が拡大し、経済活動は停滞する。経済活動の停滞によって企業の生産は立ち行かなくなり、人々は働けなくなる。これは、人類が直面している感染症との闘いである。国民がワンチームとなってのりこえるべき人類的危機なのである。――このように政府、評論家たちは叫んでいる。しかし、そうではない。

製造業、サービス業、農漁業、あらゆる産業企業を見てみよう。操業を縮小に追い込まれた企業は生産のための原材料の発注を縮小する。すると下請けの中小企業や、関連企業の生産は縮小を余儀なくされる。それゆえに、独占体をなしている大手企業は、自社正社員には賃金切り下げを強い、非正規雇用労働者にたいしては、雇い止め、解雇を仕かけてくる。他の関連中小企業は資金繰りを銀行からの融資に依存しているので、銀行はこの景気悪化の中で返済見込みのないとみなした企業には債務不履行を恐れて融資を手控える(貸し渋り)。いま銀行には資金繰りに手詰まりとなった中小企業主が相談に殺到している。いま起きている金融危機によって銀行が与信業務の査定を厳しくし、そうすることによって企業倒産が続出し、人々は解雇され、生産自体がストップしてゆく。この連鎖が巻き起こりつつあるのである。

こうした事態はすべて資本制商品経済だからこそ引き起こされているのである。この資本主義経済社会では生産物はすべて商品である。この商品を生産し販売することによって企業は利潤を生みださなければ、倒産する。決済手段の資金が失われる、資金繰りできなくなる、というかたちで。こうして企業が倒産することは生産自体が崩壊し、生産の主体的契機である労働者は解雇され、賃金を失い、やがて数日間でさえも生き続けることができなくなるのである。二〇〇八年のリーマンショックの時には、派遣労働者は派遣切りで住居をうばわれ、食事は日比谷公園での炊き出しで命をつないだ、というように。この社会では働く人々は労働力商品にまでおとしめられているのである。生産手段を何も持たない、いや奪われているといっていい、からである。

世界の政治家や資本家たちは株価の下落におびえ、恐慌が迫ってきている、とパニックになっている。そして株式市場の崩落、債券価格の急落、やがてドルの暴落に行き着くのではないか、と恐れているのである。国債、金までもが売られ現金化され始めた。こうした市場をいま資本家たちはコントロールし得なくなっているのである。

資本制商品経済では、生産物は商品であり、この商品が市場で交換されることによって、そういう絶えざる商品交換の結果において、その商品の価値は価格の変動を繰りかえすことを媒介にして決まってゆく。資本家は商品の価値をあらかじめ知ることは決してできない。需要と供給が一致しているかどうかなど、あらかじめわかるはずもない。それが一致している状態においての商品に含まれている労働の量が価値なのだが、それは決してあらかじめわからないのである。現に今われわれがおかれているところの・資本家による経済社会とは、ただ利潤を追い求め生産をおこなうものなのであり、このゆえに、労働力商品にまで物化されている労働者であるわれわれをコストと観念して、賃金額は低く抑え、労働時間は長く引き伸ばし、それがうまくいかないならば、資本家は容赦なく、労働者を解雇するのである。こうした人間社会のいまの姿、つまり資本制商品経済というものは価値法則に支配されている。生産過程にも市場での交換にも価値法則が貫かれているのである。そして全社会的な生産物の需要と供給は市場の運動を通じて支配されているのである。これが資本家の下でおこなわれている生産の無政府的な姿なのである。

いま新型コロナウイルスの感染を発端にして陥っている、世界の経済の大混乱とは、資本家やその代弁者である安倍、トランプ、習らが護持しているところの、彼らの経済的、政治的な支配秩序の危機なのである。しかし、この資本家階級的な危機という本質を彼らはおしかくし、あたかも、コロナ感染拡大による人類の危機、コロナウイルスによって、国民の生命と経済がおびやかされている、というように国民を欺瞞しているのである。そして、「中国ウイルス」（トランプ）「武漢ウイルス」（麻生）というように権力者は排外主義的に外へ国民の目をそらさせることに必死なのである。われわれは、排外主義をあおりたて、一切の危機ののりきりのための犠牲を労働者・勤労者に転嫁しようとすることに反対しよう。そのために日本の労働者が団結し、世界の労働者たちと団結することこそが、根本的な解決の道なのである。


資本制商品経済が価値法則に支配され、現在の危機はうみだされている。

では、どう解決すべきなのか。解決できないことなのであるか？


「世界市場恐慌において、ブルジョア的生産の諸矛盾と諸対立は一挙に暴露される」。

「人間が自分自身のために生産するような状態のもとでは、事実、恐慌は存在しない」（マルクス『剰余価値学説史』）。

このマルクスに学べば、今私達の眼前で起きている恐慌の危機は、実は資本主義的生産の矛盾を暴露している事態であるのだ。「人間が自分自身のために生産するような状態」とはなにか？　資本制社会では、資本家が資本の生産として、ただ利潤を上げることを目的として生産しているのであり、ただ、われわれは労働力商品として資本家に時間決めで労働力を切り売りしている存在におとしめられ、したがって、われわれは自分自身のために生産してはいないのである。自分自身のために生産していれば過労死などありえないではないか。

マルクスは言っている。

「生産諸手段の共有にもとづいた協同組合的な社会の内部では、生産者たちは彼らの生産物を交換しはしない。同様にこの社会では、生産物に費やされた労働は、これらの生産物の価値として、すなわちその生産物の物的特性としてあらわれることもない。なぜなら、この社会では資本主義社会とは反対に、個人的な労働は、もはや間接にではなく直接に、総労働の諸構成部分として存在するからである。」（「ゴータ綱領批判」）

われわれは社会の共同体的構成員として、社会の共同事業である生産を、共同体的に所有している生産手段を使って、共同的におこなっていくべきなのではないか。これが階級対立を止揚した真のワンチームではないのか。だが、今日の生産は、生産手段を資本家が所有し、労働力を商品として時間決めで購入し、その使用価値を消費することによって剰余価値を得る、という疎外された生産であるがゆえに、そこには価値法則が貫徹され、人々を危機へと突き落としているのである。

二〇二〇年三月二二日

新型コロナウイルス拡散による危機を労働者・人民の団結でうちくだこう！

西知生

自民党・安倍政権は、四月七日、改定新型インフルエンザ特別措置法に基づく「緊急事態宣言」を発令した。中国の武漢での発生が公になってからすでに四ヶ月以上が経過している。その間、欧州・アメリカ・中南米・中東と、世界中に新型コロナウイルスによる肺炎は拡がりつづけていた。四月五日の時点において、全世界の感染者数は、累計一二〇万人、死亡六万人を超えると言われている（ジョンズ・ホプキンス大学データ）。

明らかに自民党・安倍政権は二〇二〇東京オリンピックの七月二三日開催をかたくなに意識し、コロナウイルス感染の有無を調べるＰＣＲ検査を意図的に行ってこなかった。世界中から疑惑をもたれ非難を受けてでも、である。北海道において新型コロナウイルスによる肺炎が拡がった時点において、すでに症状の軽い、又は出ない若者がウイルスを拡散しているということが、指摘されていた。厚労省はそれを無視したのである。いや、クルーズ船ダイアモンド・プリンセス号の乗員・乗客の感染が明らかになったとき（二月一日）、船内での対応をめぐって専門家医師団と厚労省官僚との対立は生まれていた。そして厚労省は自身の方針を貫いたのである。

新型コロナウイルスがこれほどまでに拡散したのは、言うまでもなくオリンピック・パラリンピックを二〇二〇年に開催するという意志をもちつづけた自民党・安倍政権の責任に他ならない。許すことが出来るだろうか！　自民党・安倍政権はコロナウイルスの渦に労働者・人民をたたき落としたのである。

一　新型コロナウイルス危機にたいする二つの闘い

1　新型コロナウイルス感染にたいする闘い

今、全世界の労働者・人民は新型コロナウイルス危機にたいする二つの闘いを強いられている。

一つは、新型コロナウイルスの感染から身を守る闘いである。労働者自身、そして家族・職場の仲間に新型コロナウイルスの感染者を出してはいけない、という闘いである。

だが、われわれ労働者は仕事があるかぎり職場に行かなければならない。

医療現場・交通運輸労働者・サービス産業の労働者・公務員労働者、あらゆる労働者が感染の危険にさらされて労働を強いられている。きょう、区役所は人でごった返していた。対応する窓口の労働者は、マスクだけである。対応する労働者と、窓口に来た住民とを遮蔽するアクリル板などはない。いつクラスターが発生しても不思議ではない。スーパーマーケットのレジの労働者も、コンビニの労働者も、バス・

タクシーの労働者も、マスクだけである。マスクだけで新型コロナウイルスの飛沫感染・エアロゾル感染が防げないことは明らかである。だが今、この時点において、労働者はコロナウイルスの危険性にさらされて労働を強いられている。

医療現場で発生している集団感染は、まさに、いかに低次元の防疫体制で働かされているのかを物語っている。今後、この危険性がさらに拡大していくことは誰が見ても明らかである。

トランプ大統領は、「私は戦時の大統領になった」と言った。そして「イースター（四月一二日）は、生産・流通活動を再開する」と表明した。（その後、「四月三〇日」に変更した。）第二次世界大戦参戦を決意したルーズベルト大統領か、「Ｄ－ｄａｙ」（ノルマンディー上陸作戦）を決意したアイゼンハワー司令官のように、いかに屍が積み上げられようとも、アメリカ帝国主義・国家独占資本主義を守るということを表明したのである。われわれから捉え返すならば、労働者・人民が新型コロナウイルスで何人死のうが、アメリカの資本主義体制・ブルジョアジーの利益を守りぬくという表明に他ならない。自民党・安倍政権も同じである。オリンピック・パラリンピックの二〇二〇年開催のために、労働者・人民を新型コロナウイルスの渦に突き落とし、そして今、コロナウイルス感染の恐怖の中で労働を強いられているのである。非正規の労働者に「感染が怖いから」という言葉は言えない。即、仕事を失うからである。労働組合に組織された労働者が、「新型コロナウイルス感染に対する安全な対策を行え！」と今すぐ声をあげなければならない。

2　新型コロナウイルス拡散による政治経済的危機にたいする闘い

世界中で大量の労働者が職を失っている。

新型コロナウイルスの拡散を防ぐために各国の権力者は国境を遮断し、街を封鎖し、「人と物」との流通を遮断した。経済は大きく収縮している。サプライチェーンは破壊され、あらゆる産業部門が壊滅的打撃を受けている。あらゆる産業部門が停止状態に近いかたちにまで落ち込んでいる。いかに金融がグローバル化しても、各国権力者が自国民を民族として国家として統一しているがゆえに金融のグローバルな構造が成り立っているということである。

アメリカ・トランプ政権は、三月二七日に、新型コロナウイルスに対する経済対策法案を成立させた。財政支出の額は、二・二兆ドルを大きく超える。ＦＲＢは、三月一五日に、ほぼゼロに近いところまで金利を下げ、同時に米国債の無制限買い入れを発表した。

そして、リーマン・ショックでも使わなかった禁じ手を打ったのだ。それは、①ＣＰ（企業のコマーシャル・ペーパー）の発行企業からの購入、②企業の新発債購入や新規貸し出し、③資産担保証券の購入、④市場からの社債ＥＴＦの購入、⑤中小企業への出資などを決定したことである。これは、ＦＲＢが直接行うのではなく、ＳＰＣという特別目的会社をつくり、そこに米財務省が金をだす、という方法で行う、とされている。湯水の如くに金融市場にドルを流し込むのである。他方では、ボーイングなどの大企業には金をだして助けるのである。このやり方は今後さらに拡大されるに違いない。低格付け企業の社債にまで及ぶであろうことは必至である。もはや、財政・金融の総力戦を展開しようとしているのだ。

第二次世界大戦後、帝国主義各国は、国家独占資本主義という形態を発展させてきた。一時期には経済恐慌がなくなり、完全雇用が生みだされ、社会保障が制度として充実させられてきた。そして資本主義は「社会主義」（スターリン主義官僚専制国家）に勝利したものとして押しだされてきたのであった。恐慌は原理論的には、生産の横への拡大にともなう労働賃金の相対的上昇によって利潤率の低下が生じ、そしてついには「資本の絶対的過剰生産」の状態におちいることをいう。国家独占資本主義は、国家が管理通貨制度に基づき通貨をコントロールして、目的意識的にインフレーションを創出し、相対的に労働賃金をおさえ、この時間的猶予のうちに直接的生産過程の主客両面の技術化をなしとげ、利潤率の低下を防ぐ、ということ、そして財政政策によって過剰資本の処理をマイルドに行っていくという財政・金融政策をとることを本質とする。すなわち、誤魔化してきたのだ。

この国家独占資本主義の成長に伴って膨らんできたもの、それはいわゆるブルジョア経済学において第三次産業という産業部門であり金融資本である。アメリカでは、この第三次産業といわれる産業部門に労働者の七〇%までもが雇用されるにいたっている。（私は、大内力が分析し解明したところの国家独占資本主義と今日のそれを、さらに掘りさげて下向的に分析し現在における国家独占資本主義論を再構築しなければならないのではないかと思っている。）

バブルの膨張と言われる金融市場の拡大が、今日、国家独占資本主義の本来の機能を狂わせてきてしまっている。もはや金融市場を膨らませるために金融政策がとられだしたように思うのだが。（これは現象論かも知れないが。）

金融市場を支配するモルガンなどの金融資本家どもは、戦後の金融恐慌のたびごとに肥え太ってきた。現在の新型コロナウイルス危機による株価の大暴落、国際通貨相場の乱高下を見て、アメリカの金融資本家どもは、「一生に一度の大バーゲン」などと喜んでいるのである。だが、他方において医療も受けられない貧困層を大きく生みだしてきた。リーマン・ショックでドロップアウトした白人中間層、ヒスパニック、ラテンアメリカ系移民、アフリカ系アメリカ人などである。

だがその労働者たちの多くが、いわゆるサービス産業・流通業を支えてきたのである。その貧しい労働者たちがニューヨークなどの都市部に集中している。病院にも行けない、公衆衛生状態も悪い。ニューヨークで新型コロナウイルス・パンデミックが発生するのは蓋し当然と言わなければならない。

かつてチェ・ゲバラは、国連において、一九六二年のキューバ宣言を読み上げた（一九六四年）。そこには「中南米の労働者・人民が最低の社会福祉しか受けられず、薬も病院のベッドもあたえられず、助かる病で死んでいった」という一節がある。半世紀以上経ったアメリカの現状が今そこにある。

アメリカ・ニューヨークの新型コロナウイルスのパンデミックは、アメリカの独占資本家どもが生みだしたものなのだ。アメリカでは、六六五万件にものぼる失業保険の新規申請が出されている。リーマン・ショック後のピークの一〇倍である。職をうばわれ、医療もうばわれ死んでいく労働者たち。絶対に許すことは出来ない。

アメリカのトランプ政権・ＦＲＢが総力をあげて〝戦争〟を遂行している現実の姿が、これである。彼らは、国家独占資本主義を支えてきた財政金融政策しかとる手段はない。だが、その手段によっては、まさにそれを手段として肥大化してきた金融市場の崩壊をとめることはできない。アメリカの農業は、何万人もの季節労働者にたよっている。多くは中南米から来た労働者である。アメリカにおいて、また中南米において新型コロナウイルスのパンデミックが発生している今、その労働者の確保が難しくなってきている。都市部の失業者を流入させれば新型コロナウイルスの拡散につながる。この農業における危機は必ず金融市場を直撃することになる。

独占資本家＝金融資本家どもが自らつくりだした金融市場の膨張と貧困層の拡大はコントロールできないほどになってきている。労働者は人間であるにもかかわらず、物化した労働力商品としてしか存在しえないという資本主義の本質的な矛盾が、現実的に露呈し始めたのだ。国家独占資本主義という政治経済形態そのものが、その腐朽性のゆえに瓦解し始めたと言ってよい。労働者・人民はこの危機に対して団結し自己を階級として高め、統一戦線をつくりだして闘うこと以外に道はない。

だが痛苦なことに、この団結をつくりだす、この現実を根底から覆すイデオロギーがゆがめられ破壊されている。スターリンとその官僚どもによって破壊され、変質させられたマルクス主義すなわちスターリン主義をその根底からくつがえし、マルクスのマルクス主義を反スターリン主義として再生し再構築することをぬきにしてはこの闘いに勝利することはできないのだ。

二　労働者・人民を愚弄する安倍「緊急事態宣言」と経済対策

1　働く者を危険にさらす安倍政権

自民党・安倍は、四月七日に「緊急事態宣言」とそれにともなう経済対策を発表した。その内容は悲惨であり、労働者・人民を愚弄する以外のなにものでもない。マスク二枚を四五五億円もかけて配布するというマンガ的な「対策」を平然と行うのが、この政権なのである。

先に述べたように今現在、多くの労働者はマスク一枚でコロナウイルスの渦の中で働いているのである。安全対策が行われていないという状況にたたきこまれているのである。

「医療崩壊」が叫ばれているけれども、もう一つ行政の崩壊がいつ起こっても不思議ではない。押し寄せる住民の対応をしている行政の労働者がどうして「接触八割減」にできるのか。減らせないならどのような安全対策をしようとしているのか？　何もない。同様にスーパーあるいはコンビニで働く多くの労働者の安全対策はどのように指示しているのか。マスク一枚か！　鉄道・バス・タクシーの労働者の安全対策は？　何もない！　通勤での感染の対策はどうするのか？　何もない。店舗を閉めさせることによる経済的補償から考えて、対策を考えるからこのようになる。
自民党・安倍政権は、働く者たちを、新型コロナウイルス感染の危険にさらしているのである。

2　労働者・人民を騙すための経済対策

安倍は、事業規模一〇八兆円、ＧＤＰの二〇％にあたる世界最大の経済対策であると大見得を切る。しかし、これにはカラクリがある。政府が財政支出するのは三九兆円でしかない（ＧＤＰの七％）。〝国民〟をだますことを得意とする財務官僚ならではである。残りの資金は民間から引っ張るのである。債務猶予した金もこの中に含まれるのである。

この経済対策の基本的な考え方は「事業の継続を後押しして雇用を守りぬく」ということにある。この基本的な考え方は、様々なところで貫かれている。

では目玉の「三〇万円個人支給」はどうか。これもペテンである。「収入減の世帯に三〇万円配布」と銘打っている。しかし実際はどうか、「収入減の世帯」ではない。

「対策」は次のように規定されている。

「二～六月までのいずれか一ヶ月で世帯主の月間収入が減少」することが条件で、「年間換算で住民税の均等割の非課税水準になる世帯」か、月間収入が半分以下に減って、年間換算で住民税均等割の非課税水準の二倍以下になる世帯」が対象になる、という。読売新聞によると「夫と専業主婦・子供二人の四人世帯の場合、年収二五〇万程度までが対象になる」。その対象の人が、二～六月に住民税非課税世帯にまで落ち込むと給付しますよ、ということである。それも一回限りでしかない。もう一つ、重要なカラクリがある。それは〝世帯主〟という言葉に隠されている。たとえば、夫婦共稼ぎで夫が正規労働者、妻がパート従業員で、妻の収入がなくなったと仮定しよう。その場合、この世帯は給付の対象にはならない。世帯の収入ではなく、世帯主の収入であるからである。どうやって生活していけというのか。

たとえ三〇万円支給されたとしても、家賃・水光熱費・携帯電話料金などを支払って、向こう何ヶ月も生活していけるわけがない。ローンをかかえていればなおさらである。死ねということか！

中小企業・個人事業主も同様である。たった一回二〇〇万円、一〇〇万円を給付されたところで、何ヶ月も事業を継続していけるわけがないのだ。

もはや労働者・人民を欺く「対策」でしかない。

一番驚くのは、この対策に失業給付の財源の増額がなされていないことである。アメリカでは、このわずか一週間で六五〇万人を超える新規失業保険申請者が出ていることは先に述べた。日本ではまだその情報すら出ていない。

解雇されていないのか？　街では、アルバイト・パートがクビを切られた、派遣の仕事がなくなった、仕事に入れる日数・時間数が大幅に減らされた、という話があふれている。彼らは申請の術を知らないか、給付対象からはずされているのである。外国人留学生・労働者が日本の労働法など知っているわけはないのである。私の自宅近くの飲食関係のチェーン店が三月の半ばに店を閉めた。アルバイト店員にはその前日に言い渡されたという。他の店でのシフトは週二回。外国人留学生は解雇。それが現実である。帰りに寄るコンビニのベトナムからの留学生はいなくなった。深夜二人職場が一人勤務に変わっている。あらゆる産業部門で同様のことが行われているのだ。

「事業を後押しし、雇用を守る」ということが基本的な考え方であるという。だから失業給付金の財源をつけないで、雇用調整給付金なるものの予算をもうけているのである。そんなもの、労働組合のない職場で、しかも非正規労働者の手にとどくはずがないのだ。

3　ライフライン・携帯電話をとめるな！

労働者・人民を愚弄するこの「対策」ではとても生活がなりたたない、死ねということでしかない。日本の労働者・人民は崖っぷちに立たされている。家賃の未払い・電気・水道・ガス、ライフラインの遮断の不安に脅えている。ライフライン・携帯電話のストップは絶望への入り口なのだ。携帯電話が止まれば、仕事のシフト・派遣の連絡がこない、すなわち仕事を失うことになるのである。

労働組合の緊急課題として、コロナウイルス感染症防止の安全対策を即刻行え！　非正規労働者の解雇を許すな！　ライフライン・携帯電話を止めるな！　解雇されたすべての労働者に即刻失業給付を支払え！　正規・非正規に関係なく失業給付を即時行え！　という闘いを創りださなければならない。どんな形ででも、組織された労働者と未組織の労働者の団結を組織的につくり出さなければならない。そして、組織された労働者、労働組合が中核となって統一戦線結成をめざして闘おう！

学園においても、アルバイトを失った学生、クビを切られた留学生を結集して闘いを創りだそう！　学園において学生・労働者の組合連絡会をつくり、地区労と連携していこう。そう、となりの学友とインターナショナルな団結をつくりだそう！

4　〝武漢〟を隠蔽する中国習近平指導部を許すな！

スターリニスト官僚から国家資本主義官僚へと転身を遂げ、共産党一党専制というスターリニスト統治機構をそのまま労働者・人民の支配に利用している習近平とその国家官僚は、武漢の闘いに勝利したと表明し、新型コロナウイルスの拡散に苦しむ中東・アフリカを中心に〝援助〟という名のもとに政治的軍事的影響力を拡げようとしている。新型コロナウイルスの発生が中国の武漢から始まったということは不問にしてである。

いや彼らは〝武漢〟の秘密を隠蔽している。発生当初、新型コロナウイルスの発生と拡散に警鐘を乱打した医師・李文亮と彼の同僚の医師たちを武漢当局に呼び出し、口封じをはかり、SNS上の彼の情報は消された。そして李文亮は、新型コロナウイルスの治療を続けながら自らも感染し亡くなったのである。武漢のバイオ研究施設からの新型コロナウイルス漏洩を追求した中国人記者は、今も行方不明である。武漢の状況をレポしようとした中国人人権派弁護士もそうである。習近平政権を批判する企業家・任志強も行方不明である。また武漢の状況を世界に伝えようとした多くのユーチューバー、ブロガーも行方不明になっている。武漢当局・警察に抗議した住民たちもそうである。習近平とその官僚どもが武漢を軍隊で完全封鎖し、そこで行われたことについて彼らは完全に隠蔽しようとしている。

だが、それだけではない。昨年九月頃から武漢大学の数十名にのぼる学生が行方不明になっているのだ。

新型コロナウイルスが生物兵器であり、それが何らかの原因で外に漏れ出した、とは断定できない。しかしこれほどまでに習近平指導部が隠蔽をはかるのは何か特別な理由があると思わざるをえない。

武漢では多くの人が犠牲になった。どれほどの人が死亡したか把握することはできない。当初ユーチューブでは、病院が混乱し、感染した人が放置され、自宅におしこめられ、そこで死んでいった様子が伝えられていた。習近平指導部の行ったことは、〝死亡した人を焼く〟ということである。家族全員が亡くなったという情報も伝えられていた。軍隊に完全封鎖された状況にあって、それは天安門事件を彷彿とさせるのである。

習近平指導部は拉致・監禁した人をすべて即時釈放せよ！
習近平指導部による武漢人民への口封じ・弾圧を許すな！
習近平指導部は武漢の秘密を明らかにせよ！

5　すべての戦争行為・戦争準備行為の即時停止を要求し、全世界の労働者・人民と連帯してコロナウイルス危機との闘いをつくりだそう！

この状況下においても各国権力者どもは軍事行動を行い、その準備行動を続けている。中東ではシリア・イエメンで戦争がつづいている。(イエメンでは停戦に合意したもようだが。)

戦火の下で新型コロナウイルスが拡散されている。日本においても沖縄辺野古基地建設作業をやめようとはしていない。北朝鮮は金正恩が新型コロナウイルスの感染拡大を隠蔽し崩れかかった軍隊をしめつけるためにミサイル発射をくりかえしている。

全世界の労働者・人民とともに一切の戦争行為・軍事行動戦争準備行為を即時停止せよ、という反戦闘争をつくりださなければならない。

6　マルクス主義を捨て去った革マル派現指導部――機関紙「解放」の悲惨

新型コロナウイルスの感染が拡がり、多くの労働者がクビを切られ仕事を失っていくという状況の中で、革マル派の機関紙「解放」は悲惨である。「解放」二六一一号（三月二三日付）では、何と「トピック」で扱われただけなのである。二六一二号（三月三〇日付）からようやく一面で扱われるという始末である。もはや、労働者・人民の現実から遠く浮遊した存在でしかなくなってしまったのか。「解放」二六一三号においで彼らは新型コロナウイルスによる危機を「パンデミック恐慌」などと命名し悦に入っているわけだ。しかし彼らは新型コロナウイルスによる危機を労働者・人民の立場に立って、すなわちマルクス主義者＝反スターリン主義者として場所的立場にたって把握できていない。

彼らはこの危機を「全人類的危機」としてとらえ「各国資本家階級は独占資本の延命のためにのみ血道をあげ、一切の犠牲を労働者・人民に強制している」ととらえる。全人類の危機だから、労働者・人民だけを犠牲にして資本家階級だけが助かろうとするな、いっしょに新型コロナウイルスと闘おうというわけである。「全人類的危機」とは！　たしかに生物学的には∧新型コロナウイルス　対　人類∨というとらえ方もできなくはない。しかし現代の社会は∧人類∨という共同体ではない。われわれ労働者・人民が生活している社会は、∧人類∨という共同体では決してない。われわれ労働者・人民は現代社会において資本主義という経済体制の中で、物化された・労働力商品としてのみ生存を許されるのであって、∧人類共同体∨というイデオロギーは資本家が労働者を支配するために使用するイデオロギーに他ならない。ブルジョアジーが階級として国家をつくり、その国家のもとにプロレタリアートを支配するために幻想的な共同性を労働者・人民に押しつけるのである。マルクスが、国家を「共同性の幻想的形態」と喝破したことを革マル派現指導部は忘れてしまったらしい。

「全人類」というイデオロギーも、同様に、ブルジョアジーが全世界の労働者・人民に自己の利害を貫徹する、すなわち労働者・人民を支配するために使うブルジョアジーのイデオロギーに他ならないのだ。

革マル派現指導部は、マルクス主義を放棄したのだ。いやそもそも「解放」二六一三号一面論文の筆者と、それを平然と「解放」に掲載した革マル派現指導部は、マルクス主義者ではなかったのだ。その地金が露呈しただけなのであろう。

革マル派現指導部は「緊急事態宣言」反対を掲げる。コロナ対策を利用した強権的＝軍事的支配体制の強化につながるということである。たしかに自民党・安倍政権は、この国家独占資本主義の崩壊という現実に直面し、それを守り貫くために民族排外主義をよりいっそう鼓吹し、労働者・人民にヨリ強権的な支配を強めるにちがいない。いや、よりいっそう露骨にネオ・ファシズムを体現した政権が打ち立てられるかもしれない。しかし革マル派現指導部には、新型コロナウイルスの感染の拡大、パンデミックという状況下で働かざるをえない労働者・人民とその家族、職場の仲間を新型コロナウイルスの感染からいかに守るのか、クビを切られあるいは半失業状態におかれ絶望の崖っぷちに立たされている労働者・人民の命と生活をどう守りぬくのか、どう闘いをつくりだしていくのか、という現実の労働者・人民の立場に立った視点がない。今、新型コロナウイルスの感染とそれによる社会的経済的危機を、それと闘う労働者の立場に身を置いて考えていないのだ。

革マル派現指導部は、革マル派官僚という立場から現実を眺め「安倍政権によるネオ・ファシズムの強化反対」という方針を垂れ流しているだけなのである。今、労働者・人民のおかれている現実からどう闘いを構築していくのかというプロレタリア的立場を完全に失っているのである。

革マル派に結集する下部同盟員の皆さん、良心的学生のみなさん、かつて黒田さんとともに革マル派を指導した理論家のみなさん、あなたはどう考えていますか。

私は、革マル派現指導部は、もはやマルクス主義者＝反スターリン主義者ではない、彼らはこの新型コロナ危機にたいする闘いを組織しえない存在になりさがっていると断定する。

新型コロナウイルスによる危機を直視し、革マル派現指導部の現実を直視し、マルクス主義者＝反スターリン主義者たらんとする己を見つめ返し、革マル派現指導部をのりこえ打倒し、職場から・地域から・学園から、新型コロナウイルス危機にたいする創造的な闘いをつくろう。かつて、スローガン列車を走らせた国鉄労働者のように、かつて高速道路を遮断した全学連の学友たちのように、あらゆるところから創造的な闘いをつくりだそう！

＊新型コロナウイルス危機の下で、働く労働者の安全を確保せよ！
＊ライフライン・携帯電話の停止を許さない！

＊失業・半失業のすべての労働者・人民の生活資金を即時補償せよ！
＊外国人留学生・労働者の生活を保障せよ！
＊中国習近平指導部の〝武漢〟隠蔽を許すな！
＊全世界の権力者による戦争行為・戦争準備行為を即刻停止せよ！

それぞれの場所で、立場で、創意工夫した闘いをつくろう！

「連合」指導部をのりこえ、労働組合が中心となって新型コロナウイルス危機と闘う統一戦線をつくりだそう！

全世界の労働者・人民と団結し、新型コロナウイルス危機と闘い抜こう！

二〇二〇年四月

「全人類の危機」を叫ぶ革マル派現指導部をのりこえ、労働者・人民の統一戦線を結成して新型コロナ危機とたたかおう！

岳川文久

「解放」二六一二号の一面論文はひどいものです。この論文の筆者は、今の状況をながめているにすぎません。〇さんが、「危機意識がない」と喝破されたように、彼は眺めているにすぎないのです。だから「新型肺炎の全世界的流行下での労働者・人民への犠牲転嫁反対」などという悠長なスローガンをあげながらも、今、全労働者人民に対してかけられてきている攻撃に対して、どう闘うかという方針がまったくでてこないのです。彼はコロナ危機とそれを媒介とした国家独占資本主義そのものの危機を各国独占ブルジョアジーがどうのりきろうとしているのか、そのために労働者・人民に犠牲を強いているのかという、この労働者・人民の立場にたった認識・分析すらできえないのです。

いや、労働者・人民の瀬戸際に追い込まれた情況を感じることもできていないのです。闘う方針が出るわけはありません。

それが、この状況の真っ只中で出された革命的マルクス主義者＝反スターリン主義者を名乗る党の出した機関紙の現実の姿です。

今日だされた「解放」二六一三号の一面論文は、ブログの影響があるのか、「パンデミック恐慌下での労働者・人民への犠牲強制を許すな」ということについて具体的に〃方針〃を並べています。この筆者は、つとにアジテーション的な論文を書く人間ですが、彼の頭は混乱しているとしか思えません。

様々なことを色々並べ立ててはいますが、それをどう闘いとしてつくりだしていくのかが見えないのです。彼は「全人類的危機のなかで、各国資本家階級は独占資本の延命のために血道をあげ、一切の犠牲を労働者・人民に強制しているのだ」と言います。なんということか！　彼は今の危機を「全人類的危機」としてとらえているのです。まさに各国権力者・独占ブルジョアジーが労働者・人民に流布するイデオロギーを彼らは共有しているのです。

たしかに生物学的な見地から見ればそうなのでしょう。しかし、われわれは〃人類〃として実存しているのでは決してない。現社会は人類としての共同体ではない。階級的に分裂した資本主義という体制のもとにあって、われわれは物化した〃人間〃として実存しているのです。〈人類〉という独占資本家・各国権力者が流布するイデオロギーは、共同性の幻想を維持するためのイデオロギーにほかなりません。われわれはその共同性の幻想をうち破らなければならないと思うのです。マルクス主義のイロハではありませんか！

また彼らは「世界各国で同時的にモノの移動と生産活動が完全に凍りついたこの事態は――たとえ金融不安を発火点とした恐慌ではないとしても――大恐慌と同様の経済的破局の現出であり、しかも現下の実態経済の凍りつきは逆に金融破綻へと連鎖していくものにちがいないのであって、まさしく世界はパンデミックと恐慌が相乗する〈パンデミック恐慌〉へと突入したといわなくてはならない」と言います。

彼は今、何が起ころうとしているのか、理解していない。

コロナ危機を媒介として、国家独占資本主義の腐朽性によって膨れあがった金融市場が爆発しようとしているのです。もはや各国権力者・独占ブルジョアジーにこの国家独占資本主義という体制を維持する手段はないのです。トランプが「私は戦時下の大統領になった」と発言し、そしてイースター（四月一二日）には生産と流通を稼働させると明言しました。彼は、第二次大戦を決意したルーズベルトあるいはノルマンディー上陸を決定したアイゼンハワーのようにいかに累々たる屍が生みだされようとも、アメリカ帝国主義・アメリカ国家独占資本主義体制を守るという決意をしたのです。そのイデオロギーが〝人類の危機〟に他なりません。

農業部門に注視してください。

アメリカあるいはフランスなどの農業はその時期におうじて大量の季節労働者を雇い入れます。アメリカではその労働者はメキシコを始めとする中南米から、そしてフランスではアジア・中東・東欧から雇い入れるのです。それが今の現状ではできない。農業生産物にはその労働力を投下しなければならない時期があります。それができなくなる可能性があるのです。すでにバターの買い占めが始まっているようです。

(店に行ってもバターがなかった。)

各国権力者は、〝戦争〟を決意しているのです。国家独占資本主義という政治経済体制ではなく、強固な国家権力の発動によってしか、彼らはこの状況を突破できないと考えはじめています。

韓国あるいはヨーロッパ各国では金融市場に対する空売りの規制がはいりました。戦時経済体制をつくりだそうとしているのです。そのイデオロギーが〝人類の危機〟であり、〝国家・民族の危機〟というイデオロギーなのです。

私は今春闘を闘う労働者が春闘の緊急課題として「ライフラインを止めるな！　携帯電話などの通信手段を止めるな！」「中小企業の債務返済を猶予せよ！」「すべての労働者・人民・外国人労働者の生活を保障せよ！」というスローガンを掲げるべきだと思います。そうでなければ、組織された労働者とそうでない未組織の労働者人民が分断されてしまう。

まさに〇さんのいう〝統一戦線〟が、その方針が掲げられなければならないと思います。

一昨日、私の自宅近くの串カツ屋チェーン店が閉店した。夜、アルバイトの子たちが「おじさん、ありがとう」と私に挨拶にきてくれました。「明日からここ閉店です」とその日に言われたとのことです。日本人のバイトには他の店にうつることを提案してきたそうです。しかし、シフトに入れる日は今の三分の一以下になるそうです。「いやなら止めてもいい」と言われたそうです。いかにアルバイトであっても解雇の通告は一ヶ月前に行わなければならず、そうでなければ一ヶ月分の賃金保障（解雇予告手当）をしなければなりません。そんなことは守られるはずもないのです。また巧みに解雇というかたちにはしないのです。ベトナムの留学生は当面住む場所もないということです。彼女は、途方にくれ涙を流していたということです。外国人留学生が日本の労基署を知るわけがありません。学園における全学連の学生の皆さんの大きな闘争課題であると思います。日本人の学生・留学生が、となりにいる仲間・学生とインターナショナリズムにもとづいた団結と闘争をつくりださなければならないと思います。

かつて革共同革マル派に指導された労働者・学生は創造的な闘いを実現してきました。国鉄労働者はスローガン列車を走らせ、マル生粉砕闘争・スト権奪還闘争を闘いぬきました。全学連は高速道路封鎖、NHKニュースののっとりなど、合法・非合法の闘いを実現してきました。それぞれの場所で、創意工夫して闘いをつくりだしてきました。今その闘いが必要だと思うのです。

「解放」二六一二号・二六一三号の筆者は今あるこの状況をなんとしても打ち砕く、という実践的な立場がないのです。状況を眺めているにすぎないのです。私にはそう思えてしかたがない。

スローガンを書いたゼッケンをつけて街を歩く、渋谷の交差点を歩けばそれは全国に流れる。デモをしなくてもTシャツにスローガンを書いて歩くだけでもいい。そのようなそれぞれの場所において創意工夫した闘いをつくりださなければならない。

そういう頭が彼らにはない！

すべての戦闘的良心的労働者・学生・オールド革命的マルクス主義者に呼びかけましょう。

革マル派現指導部をのりこえ、闘いをつくりだすことを‼

二〇二〇年四月二日

Ⅱ　反スターリン主義運動を再興しよう

黒田寛一亡きあとの主体性なき者たち

松代秀樹

同志黒田寛一亡き後に残った、反スターリン主義プロレタリア前衛党の指導部を構成するメンバーたちは、今日、「古典的階級分裂」という言葉を叫びたてている。

たしかに、いま、「古典的階級分裂」と呼びたくなるようなプロレタリアートの悲惨な状況が現実にうみだされている。だが、問題は、この現実をどのように分析するのか、ということにある。

革マル派（日本革命的共産主義者同盟革命的マルクス主義派）現指導部は次のように言う。

「今、日本において、世界において、労働者は十八～十九世紀と同様の『古典的階級分裂』と『古典的貧困』につきおとされている。この現実は、ソ連スターリン主義の自己解体的瓦解によってとどめをさされたスターリン主義の反プロレタリア的大罪によってもたらされたものなのだ。」と。

後半の文の、「……瓦解によってとどめをさされたスターリン主義」というのは、ソ連とスターリン主義とが別物のようであって、何か変であるが、現代帝国主義の今日的現実がうみだされたのは、ソ連の自己解体にしめされるスターリン主義の破産を根拠とする、と理解するかぎりにおいては正しい。

このことをおさえたうえで、「古典的階級分裂」という言葉を現実分析としてみるならば、この分析に駆使されている方法は、アナロジー＝類推の論理である。この論理は、もっともプリミティブな分析方法である。

もしも、現在の労働者階級の状態を十八〜十九世紀の労働者階級の状態と類推するのであるならば、類推という方法を駆使する、といううえでも、両者の区別における同一性、と同時に、同一性における区別が明らかにされなければならない。今日の労働者階級の端的な特質は、十八〜十九世紀のそれとは異なって、労働者階級がきわめて大きくかつ多様なかたちで階層分化をとげている、ということにある。今日の労働者階級は、ＡＩ（人工知能）技術をふくめてＩＴ（情報技術）を開発し駆使する労働者を最先端とし、それに類する技術性をもたない給食や清掃などの労働者を最下層とするかたちで、階層的に分化しているのである。さらにはその下に、まともに職につけていない極貧層が存在する、といえる。また、金融的商品をあやつる人びとも、彼らが金融業の企業に雇われているかぎり、労働者階級のなかの一階層をなすのである。

そしてまさに、労働者階級がこのように階層的に分化しているということに、われわれが労働者階級を階級的に組織化することにとっての困難があるのであり、われわれは、われわれがそれぞれの階層の労働者たちをどのように組織化するのか、ということを独自的に解明しなければならないのである。

労働者階級の階層分化ということを分析しなければ、類推の方法を駆使して現象論的な分析をおこなったのだとしても、何の意味もない。

彼ら現指導部がこのような羽目におちいるのは、彼らには、労働者階級の今日の悲惨な状態を分析するために、われわれの国家独占資本主義論の方法を適用する、という問題意識および方法意識が完全に欠如している、ということにもとづくのである。

しかも、彼ら現指導部は、『古典的階級分裂』というべき階級対立の先鋭化が、まさにグローバルにおしひろげられてきた」、と叫ぶ。

だが、「階級対立の先鋭化」というのでは、資本家階級と労働者階級とへの階級的な分化が進行した、ということと、資本家階級と労働者階級との階級闘争が先鋭化した、ということとが、二重うつしにされているのである。現実には、スターリン主義者たちがプロレタリア階級闘争をおしゆがめ、そして破産したことのゆえに、だがそれにもかかわらず、われわれがスターリン主義をなおイデオロギー的＝組織的にのりこえてはいないことのゆえに、全世界のプロレタリアートは、悲惨な状態につきおとされながらも、先鋭なかたちではたたかいえていないのである。

まさにこのゆえにこそ、われわれは、破産したスターリン主義をその根底からのりこえ、プロレタリアートを階級的に組織し、階級的な闘いを創造していかなければならないのである。

革マル派現指導部が「階級対立の先鋭化」と叫ぶのは、彼らが、資本家階級と労働者階級との争いが先鋭化してほしい、という自己の願望を投影して現実を見たことにもとづくのである。

彼らが、自己の願望を投影して現実を加工するまでに没主体的な俗人になり果てたのは、マルクスの実践的唯物論をわがものとした同志黒田寛一の実践的立場と無縁な地平におのれをおいたからなのである。この実践的立場をおのれのものとする努力と主体的格闘を、彼らが捨て去ったからなのである。

彼らは、同志黒田寛一の死の半年後には、反帝国主義・反スターリン主義世界革命戦略の歪曲にのりだした。米ソ角逐の時代の世界革命戦略は〈反帝・反スタ〉であったが、二十一世紀の米中対決の時代には、この〈反スタ〉は〈スターリン主義の負の遺産の超克〉というかたちで受け継がれなければならない、と彼らは主張しはじめた。

これを、破産したスターリン主義をその根底からのりこえていく、という理論的実践的組織的営為を放棄するものであり、反スターリン主義戦略の歪曲である、と私は批判した。彼らは私の批判を無視した。無視抹殺というかたちで私を切って捨てたのである。これは、私を実質上組織成員としてはあつかわない、という組織的措置にほかならない。

これは、われわれの組織建設の生命線をなす内部思想闘争の歪曲と破壊である。

彼らは、反スターリン主義戦略を歪曲すると同時に、わが組織を建設するための思想闘争に背を向け、わが党組織そのものを上から官僚主義的に変質させたのである。

彼らはいま、このようなおのれの姿をおおい隠し・「スターリン主義との対決」を堅持しているのだ、とおのれと下部組織成員に言い聞かせるために、中国は「ネオ・スターリン主義」なのだ、と叫びたてているのである。だが、この規定はあまりにも現実離れしているがゆえに、彼らはわれわれの批判を怖れ、自己保身と弥縫に明け暮れているのである。

彼らのイデオロギー的変質はとどまるところを知らない。彼らは、日本がアメリカの「属国」であることからの脱却を希求するという反米民族主義と、文在寅を先頭とする・丸ごとの韓国におもねるという被抑圧民族迎合主義に転落しているのである。

しかも彼らは、みずからの指導にもとづいて、解雇撤回の闘いを裁判依存主義的に組織し展開した。これは、彼らが、「第三者機関」依存路線の批判の方法と内容の一切を否定し放擲するというかたちにおいて、わが先輩同志たちが営々ときずきあげわれわれが受け継いできたわれわれの労働運動路線をその根底からくつがえしたことにもとづくのである。この誤謬を断固としてあばきだしたわが同志たちにたいして、彼らは思想闘争の圧殺にうってでてきた。組織建設そのもののこの官僚主義的歪曲をうちやぶるために、わが同志たちは分派を結成して果敢にたたかった。おいつめられた彼らは、ついに、わが同志たちを組織的に排除した。

彼ら現指導部は、自分たちを批判する者たちを反党分子として・自分たちに盲従する者たちでもって・よってたかってたたく、と同時に、これが貫徹しないと見るや、組織的排除の行動にうってでたのである。彼らのこの腐敗をその根底から規定しているところのものは、同志黒田寛一の実践の哲学＝変革の哲学の破棄にある。

彼らは「組織哲学」などというものを説きはじめた。これは、組織を物神として崇め奉れ、という勧めにほかならない。彼らは、いまや、わが黒田の哲学を、下部組織成員たちを自分たちに従わせるための宗教的妄想にまで歪曲したのである。

彼らは、黒田その人の思想的格闘を追体験的におのれのものとする、という主体的立場を放棄したのである。わが黒田寛一が一九五六年のハンガリー動乱をハンガリー革命として主体的にうけとめ日本反スターリン主義運動を創造した生みの苦しみ、この生みの苦しみをわがものとしていく・おのれ自身の場所的にして主体的な努力を、彼らは投げ捨てたのである。ソ連軍によって圧し潰されたハンガリー労働者たち、彼らの魂をおのれのものとして、スターリン主義からのおのれ自身の決裂を決意し、自己を変革するために格闘したわが黒田に、彼らは背を向けたのである。

これが根本問題なのである。

一　実践的立場の投げ捨て

革マル派現指導部は「解放」二〇二〇年新年号に次のように書いた。

「〈暗黒の二十一世紀〉というべき現代世界のこの〝闇〟は、まさにスターリン主義の超克をこそ、すべての苦闘する労働者・人民に問うている。」と。

おお!!　なんと!!　対象的現実をなす現代世界の闇なるものが・みずから主体となって・スターリン主義の超克を・労働者人民に問う、というのである。

彼らの観念においては、暗黒であり闇であるこの現代世界には、革マル派指導部である自分はいない。自分のいない世界が勝手に動いているのである。彼らは、この勝手な動きに望みを託しているにすぎないのである。

彼らは、おのれのおいてある物質的現実を物質的存在たるおのれが物質的に変革する、という実践的立場を投げ捨てたのである。すでに、同志黒田寛一の死の直後に投げ捨てたのである。たよるべき人を亡くした彼らは、あろうことかその人に背き、おのれの直面する現実に屈したのである。先の言辞は、主体性のないおのれのこの屈服意識の表明以外のなにものでもない。

彼らの言う「暗黒」や「現代世界の闇」は、同志黒田寛一に背いたことのゆえに彼らの頭脳をおおいつくした・彼らの内面の闇、この内なる暗黒の闇を、彼らが、自己の外界にあるものとして観念的に外化し外的実体として定立したものにほかならない。彼らには、おのれの内面が真っ暗であるがゆえに対象的現実が暗黒に見えている、というだけのことなのである。

彼らは、さらに、第三新年号において言った。

今日の「これらの闘いは、闘いの前途を指し示す前衛党もプロレタリアート自己解放のイデーも不在であるがゆえに、階級闘争として自覚的に推進されていない。」と。

これは、反スターリン主義プロレタリア前衛党たらんとするおのれの主体的反省を回避するものである。今日のプロレタリア階級闘争の危機を突破する気力も萎え失せ実践的立場を喪失したおのれを省みなくてすむように、彼らは、前衛党たる革マル派も、この組織のイデオロギー的支柱をなすマルクス主義も、この現代世界には存在しないことにしてしまったのである。これは、自己の反省の回避の外的世界への責任転嫁である。

だが、根本的には、これは、彼らが革マル派をプロレタリア前衛党として確立していくことを放棄したことの宣言なのであり、疎外された労働の廃絶というマルクスのイデーをおのれの内面から追いだしたことの自己表明なのである。

いまや、彼らは、おのれの変質と堕落と腐敗をみずから言語的に言い表すほどまでに、そしてそのことに気づかないほどまでに、おのれの感性そのものを麻痺させてしまっているのである。

実践的立場をみずから投げ捨てることは何と恐ろしいことか。

二　反スターリン主義の破棄

　革マル派現指導部は、いま、われわれの批判を怖れて、現代中国にかんする規定として、「中国ネオ・スターリン主義官僚」という言葉をおしだしたかとおもえば、次にはこれに代わって「「市場社会主義国」中国」という用語をもちだす、というように弥縫に弥縫をかさねている。前者と言えば、現実離れしている、とわれわれに批判され、後者と言えば、中国官僚の言葉をそのまま自分たちの概念として使っている、と批判されたからである。

　今日の中国の政治経済構造の分析と規定がない、というわれわれの批判に痛めつけられている彼らは、「ネオ・スターリン主義官僚専制支配」という用語と「「社会主義市場経済」」という言葉とを同時にもちいて、前者が国家権力の規定であり、後者が政治経済構造の規定である、というように見せかけたこともあった。だが、このような見せかけも、中国の労働者は搾取されているのか否か、もしも搾取されているのだとすれば、彼らを搾取しているネオ・スターリン主義官僚とは資本家的官僚および官僚資本家ではないか、というわれわれの批判によってうちくだかれた。

　彼らがそこまでしても「ネオ・スターリン主義」という言葉にしがみつかざるをえないのは、この言葉を捨て去るならば〈反スターリン主義〉戦略を基礎づけることができなくなる、という恐怖に、彼らが打ち震えているからなのである。

彼らは、ひとが最愛の人の死に直面して・この現実を受け入れることができず・その人はどこかで生きているという想念にひたっているのと似ている。思いを寄せる対象が、最愛の人ではなく、憎むべき敵である、という点が違うだけである。彼らは、ドン・キホーテの風車ならぬスターリン主義という現存物を目の前にぶら下げておかないことには、突撃することができないのである。彼らはタダモノ主義なのである。

彼らは、破産したスターリン主義をその根底からのりこえていく、という立場にたっていない、ということが根本問題なのである。

彼ら現指導部が「中国ネオ・スターリン主義官僚」という規定にあくまでもしがみつくことには、次のような事情がある。

同志黒田寛一の死の直後にもどる。

残った指導部を革命路線の面で領導した理論的指導者は、同志黒田寛一の死の一年後に――黒田の死の半年後に提唱した自己の主張を理論的に基礎づけるかたちで――次のように定式化した。

「同志黒田が明らかにした〈反帝・反スターリン主義〉世界革命戦略は、いわゆる東西両陣営による分割支配のもとにあった二十世紀現代世界の分析把握、〈帝国主義とスターリン主義との相互依存・相互反発〉を根源として運動する物質的世界という法則的把握にふまえて、解明されたのであった。スターリン主義ソ連邦の崩壊を結節点としてスターリン主義の自己崩壊が画され、いまや〈米中新対決の時代〉または〈米―中露新対決の時代〉への現代世界の転換についての分析把握にふまえて、しかも〈スターリン主義の負の遺産〉の超克＝根絶というかたちにおいて〈反スターリン主義〉を継承していくべき本質的必要性からして、〈反帝・反スターリン主義〉世界革命戦略を内容的に具体化していくことが、われわれに問われているのである。これは、同志黒田亡きあとの歴史的現実のもとで、われわれに課せられている反スターリン主義革命理論の理論的探求上の一つの核心問題をなすのである。」（『新世紀』第二三〇号、一六～一七頁）

この主張は、ソ連の崩壊にゆさぶられて、スターリン主義が死滅した以上、〈反スターリン主義〉をそのまま掲げつづけることはできない、と考え、〈反スターリン主義〉を、〈スターリン主義の負の遺産の超克〉に、すなわち、「マルクス主義＝共産主義は壮大な失敗であった」とするブルジョア・イデオロギーの超克とロシア・中国などの残存物の一掃に歪曲するものであった。

これと同じ主張が「解放」二〇〇八年新年号に満開するにおよんで、私は、それまでそのつど書いてきたノートを当時の指導部に提出し、「この主張は反スターリン主義戦略の歪曲である」と批判した。

指導部を構成していたメンバーたちは、私のこの批判にたいして、「お前は何をした!!」という一言だけを発して口をつぐみ、答えることを拒否した。これは、彼らが同志黒田寛一の権威を笠に着て、私に「血も涙もない合理主義者」というレッテルをはりつけ、黒田の死後には、私を組織成員としてはあつかわない、という態度をとったことにもとづくのである。

このようにして私を切って捨てるとともに、〈スターリン主義の負の遺産の超克〉という用語を「解放」紙上から消しておいたうえで、二〇一二年の暮れに、その当時の指導部は、「解放」二〇一三年新年号の諸論文に「ネオ・スターリン主義中国」とか「中国のネオ・スターリン主義党」とかという規定を一斉に登場させた。

　これは、当時の革マル派指導部が、〈スターリン主義の負の遺産の超克〉論の提唱者の影響力を断って〈反スターリン主義〉戦略を基礎づけるために、中国においてはスターリン主義のネオ形態が現存しているのだ、とみなしたものにほかならない。このようなかたちで、彼らは、ようやくにして私の批判に対応したのである。

　このような事情を根っこにもっているがゆえに、革マル派現指導部は「ネオ・スターリン主義」という規定を引き下ろすわけにはいかないのである。これは、彼らにとって理論外的強制なのである。その規定を引き下ろすことは、自分たちが無視抹殺をもって答えた相手たる私への屈服を意味するからである。

　現代ソ連邦の変質と自己解体に呼応しつつ、中国のスターリン主義党＝国家官僚は、自国の政治経済体制を資本制的なものに改変することを決意した。ここにおいて彼らはスターリン主義者でなくなった。彼らは転向したのである。この決意のもとに、スターリン主義官僚であった者どもは、中国のスターリン主義政治経済体制を解体し・国家資本主義という形態をとる資本制的政治経済構造をつくりだしたのである。うみだされた資本制的政治経済構造に規定されて、この土台のもとで、スターリン主義官僚であった者どもは、その社会経済的存在形態を変えたのであり、党員のままでみずから資本家的官僚あるいは官僚資本家となったのである。

　こうすることによって、彼らは労働者たちを、みずからの労働力を商品として販売するプロレタリアにつきおとしたのであり、スターリン主義官僚であった者どもとその一族郎党が新興の資本家たちを従えて資本家階級を形成したのである。こうして、中国の国家は、このような資本家階級の国家、すなわち、新たな独自のブルジョアジー独裁の国家となったのである。

まさにこのように、今日の中国の国家は、スターリン主義党＝国家官僚であった者どもがみずから意識的に転向し資本家階級となってプロレタリアート・農民を支配している国家であるがゆえに、この中国の国家権力およびロシアなどの国家権力を、帝国主義諸国の国家権力とともに打倒するために、われわれは、全世界的規模において、破産したスターリン主義をその根底からのりこえていくためのイデオロギー的＝組織的闘いをくりひろげていかなければならない。各国の反スターリン主義前衛党をその構成部分とする世界反スターリン主義前衛党を創造し、これを実体的基礎として各国のプロレタリア階級闘争と革命闘争を遂行することが必要なのである。

このゆえに、現段階におけるわれわれの世界革命戦略は、反帝国主義・反スターリン主義でなければならない。

三　反米民族主義と被抑圧民族迎合主義

革マル派現指導部は、日本はアメリカの「属国」になっている、と叫びたて、日本はアメリカによって日米新軍事同盟の鎖で首を締めあげられている、と危機意識をもやす。そして、日本国家をして軍国主義国アメリカと心中する破滅の道を突き進ませる気か、と日本の労働者・人民を恫喝する。さらには、安倍はトランプの「妾ならぬオカケ」だ、と馬鹿にしてみせる。

これは、アメリカの「属国」であることからの日本の脱却を希求し、その実現のために権力者たる安倍を尻押しする、という反米民族主義に、彼ら現指導部が転落しているものにほかならない。

このことは、彼らが、丸ごとの日本の・丸ごとのアメリカとの関係をどうするのか、というように問題をたて、前者が後者の「属国」となっていると分析して、それからの脱却を方針としてみちびきだしていることにもとづくのである。

もちろん、分析方法をそれ自体として問うならば、彼らも、日本国家とアメリカ国家の関係にかんしては、これを、日本の支配階級と被支配階級、アメリカの支配階級と被支配階級という四つ組みを措定して分析しなければならない、と言うであろう。

それにもかかわらず、日本の権力者たる安倍とアメリカ権力者トランプの現下の動向を分析するときには、彼らは、かつては熟知していたこの分析方法を投げ捨て、「属国」「心中」「妾ならぬオカケ」などとあまり品の良くない俗人丸出しで語るのである。

こうなるのは、彼らが反米・嫌米の人士たちのウケを狙っていることにもとづくのである。そして、このことは、彼らが日本のプロレタリアートを信頼していないことを根源とするのである。

すなわち、自分たちが日本の労働者たちを組織する自信も展望ももちえていないことを相手の労働者たちに責任転嫁し、日本の労働者たちに不信を抱いているがゆえにこそ、彼らは、アメリカを嫌い・この国に反感を抱いている人たちにおもねようとするのである。これが、彼らが反米民族主義のイデオロギーにみずからすすんで染まる根拠なのである。

日本民族としての排外主義的イデオロギーをあおりたて、このイデオロギーのもとに労働者・勤労民衆を日本国家として統合することを画策しおしすすめている日本の権力者にたいして、日本国家のアメリカからの自立を要請し尻押しすることは、なんと反プロレタリア的なことであろうか。それは、日本の労働者・勤労民衆に階級的自覚をうながすのではなく、逆に彼らをイデオロギー的に武装解除し、これらの人たちをして、権力者の流す排外主義的イデオロギーにみずからとりこまれるようにしむけるもの以外のなにものでもない。

革マル派現指導部は、また同時に、「韓国人民の闘いを支援する文在寅政権」というように韓国の権力者を描きあげ、日本政府へのこの権力者の反発に期待し依存しようとしているのである。

「〈軍国日本〉の再興を策す安倍政権はいま、日本軍国主義の朝鮮半島の植民地支配を居直り、元徴用工への賠償を求める韓国人民の闘いとこれを支援する文在寅政権にたいして報復的な経済制裁にうってでている」、というように、である。

ここでもまた、彼ら現指導部は、韓国人民と権力者とをひっくるめた丸ごとの韓国と、植民地支配をおこなった過去をもつ丸ごとの日本という関係を想定し、後者の長たる安倍が前者に謝罪せず居直っているのはおかしい、と言っているのである。このことは、丸ごとの韓国が丸ごとの日本に抵抗し叛逆する力に希望を託しこれに依拠しようとしていることにもとづくのであり、そのために彼らは文在寅政権に迎合しているのである。まさに彼らは、季節外れの被抑圧民族迎合主義に転落しているのである。

かつては熟知していたところの、日本国家と韓国国家との関係を・日本の支配階級と被支配階級および韓国の支配階級と被支配階級という四つ組みを措定して分析する、という方法を、彼らはいまや捨て去った。

韓国権力者による朝鮮民族としての排外主義的民族主義の流布に抗する韓国の労働者・勤労民衆と階級的に国際的に連帯して、日本のプロレタリア前衛党は、日本の権力者による排外主義的イデオロギーの内外への貫徹をうちくだくために、労働者・勤労民衆を組織してたたかわなければならない、という指針を明らかにすることとは、彼らは無縁なのである。このような指針の解明につらぬくべきプロレタリア・インターナショナリズムの立場を、彼ら現指導部は放棄したのである。

このことの根拠もまた、彼ら現指導部が日本のプロレタリアートを信頼していないことにあるのである。このように、彼ら現指導部は、アメリカとの関係では反米民族主義に、韓国との関係では被抑圧民族迎合主義におちいっているのである。

さらに、サウジアラビアの石油施設への何者かによる軍事攻撃という事態に直面して、彼ら現指導部は、これを、「アメリカ帝国主義へのイランの逆襲」として賛美し、この権力者による軍事的攻撃の「政治的・軍事的、そして歴史的意義」を語ったのである。

これは、アメリカ帝国主義とたたかうために権力者に依拠する、という彼らの意志の表明にほかならない。

彼らの頭のなかには、すでに、世界各国のプロレタリアートは存在しない。彼らにとっては、どの権力者に依拠するのか、ということだけが関心事なのである。

彼らの頭のなかにプロレタリアートの存在そのものがないのは、自分たちが労働者たちを組織しえないこと、労働運動の左翼的展開の展望をもつことができないこと、このことを相手の労働者たちのせいにしたことにもとづくのであり、こうすることによってこの労働者たちを見ないことにしたからなのである。

四　われわれの労働運動路線の根底からの否定

革マル派の労働者諸組織の成員たちは、まだ定年退職する前であれ、定年退職したうえでであれ、みずからの組織の担い手となりうるメンバーを創造するために必死でがんばっている。それにもかかわらず、この闘いははかばかしくは進展していない。いやむしろ、何とかオルグしてきた若いメンバーを指導するばあいをもふくめて、きわめて困難な諸条件のもとで、職場での闘いをいかにこじあけていけばいいのか、運動＝組織づくりのための諸活動をどのようにくりひろげていけばいいのか、ということをめぐって、労働者組織成員たちは混迷を深めている、といってよい。彼らの内面には、これまで自分たちがおかしてきたさまざまな誤謬をどのように総括し教訓をひきだせばよいのか、ということそれ自体にかんして、おのれ自身においても組織的にも明確なものをつくりだしえていない、ということが重くのしかかっている。こうして、彼らは、主観的意図とは裏腹に、展望喪失の淵に沈みこむ、というようなことにもなっているのである。革マル派現指導部を構成するメンバーたちは、これを打開するかたちで組織討議を牽引する力はない。

このような状況のもとで、常任メンバーや中央労働者組織委員会のメンバーが、労働運動を左翼的に推進するために職場で奮闘している労働者同志たちを指導したときに、悲惨な、見るも無残な現実がうみだされた。

A　裁判依存主義

分会内左翼フラクションの崩壊

結成された組合を破壊するために、企業経営者は、組合員たちを指名解雇し、しかも偽装廃業（解散）までしてこの解雇を当然のことと見せかける、という攻撃にうってでてきた。現下の労働運動上の力関係の認識にのっとって、革命的フラクションのメンバーが中心的な役員を担っていた当該の分会は、合同労組の形態をとっている労働組合の本部のもとで、裁判に訴えた。

組織指導部のなかの要をなすメンバーは、わが組織の担い手となりうるメンバーをつくりだすために・発条《ばね》のある分会員たちを左翼フラクションに組織し彼らに意見陳述書を書かせたりして鍛える、という目的意識のもとに、「解雇不当」の判決をかちとるための裁判闘争というかたちでのみたたかうように、組織成員たちを指導した。「組合全体の集会などをやると本部の指導のもとに「金銭和解」の方向にひっぱられてしまう。「解雇撤回」をかちとるために、できるだけ本部に入らせないように分会が主体となって裁判闘争を徹底的にたたかいぬくべきである」、と彼は主張し牽引したのである。これは裁判依存主義と呼ぶべきものであった。

わが同志たちは、「それはおかしい。闘いを裁判闘争に封じこめるものである。解雇撤回の闘いを、フラクションを実体的基礎とし労働組合を主体として展開しなければならない。合同労組の形態をとっている組合が主体なのであって、分会を主体とするのは誤謬である。裁判闘争は闘いの一手段として位置づけるべきである」、と主張して、内部思想闘争を執拗に展開した。わが同志たちのこの批判を恐れた組織指導部は、内部論議の圧殺にのりだしてきた。

要をなす指導的メンバーは、高裁で逆転完全敗訴の判決を受けて自己の指導の破産があらわとなったうえでは、わが同志たちからの批判に脅え・この破産をおおい隠しのりきるために、最高裁に上告し都労働員会の場でたたかう、という方針を提起し、その方針のもとに・分会役員であるわがメンバーを行動させた。この行動は、「もはや金銭和解にもちこむ以外にない」、と言う・現実感覚をもった組合本部の良心的な幹部を必死でつきあげるというかたちをとって、彼らと強烈な軋轢を引き起こした。分会役員であるわがメンバーは、分会をかためて組合本部にぶちあてたのである。

組織指導部のメンバーたちは、裁判で解雇撤回をかちとるのだ、とかためて左翼フラクションのメンバーたちを引っぱってきた以上、——最高裁でも都労委でも勝つ見込みはないことはわかっているのだが、——あたかも走る自転車のごとく、それらのメンバーたちが倒れないようにするために裁判を何が何でもつづける、と妄動する以外になかったのである。分会員たちは、「復職」を求める者と「もう、こんな会社には戻りたくない」と主張する者とに分岐し、分散化した。指導的メンバーは、「復職」を求めない分会員を、「人でなし」のように非難した。

わが同志たちは、このような組織指導部にたいして、「フラクションとしての労働運動という偏向に陥没している」、「分会員たちを引き回すのはやめろ」、と弾劾して果敢に、イデオロギー的＝組織的にたたかった。内部思想闘争の封殺をはかる彼らの策動を粉砕し、同志たちは徹底的にたたかった。

わが同志たちに批判された組織指導部は、自己保身にかられて、本部役員に責任をなすりつけ「金銭和解」に舵を切った。この方針転換を、分会役員であるわがメンバーと左翼フラクション・メンバーとが担わされた。この豹変に、分会役員を信じてたたかってきた分会員は怒った。対応不能に陥った分会役員は、この抗議をはねつけた。その場に居合わせたわが同志は、他分会の先輩として、分会役員に、分会員の話を聞いた方がいいよ、とうながした。

この話を聞きつけた党常任メンバーおよび指導的メンバーとその追随者たちは、組織会議で、わが同志を「裏切りだ」と一斉に非難した。わが同志たちは、団結してこれに反撃した。自分たちの方が道理がとおらないと感じた一常任メンバーのイニシアティブのもとに、彼らはこの非難を自己批判した。だが、次の時には、彼らは、態度をひるがえして自己批判を破棄し、わが同志たちへの組織内弾圧にのりだしてきた。彼らは、組織最高指導者に、自己批判したことを弾劾され、自己批判を自己批判させられた、と推測できた。

分会役員としての自己批判も何もない・「金銭和解」への方針転換に、裁判で「解雇不当」の判決をかちとるために必死でたたかってきた分会員も、こんな会社は嫌だから金銭和解がいい、と言ってきた分会員も、展望を喪失し、組合への不信を抱いて分散化した。闘いの実体的基礎となってきた分会内左翼フラクションは瓦解し、そのメンバーたちは日常性に回帰した。

組織指導部が指導したその指針は、「復職なき金銭和解反対」を掲げて最後まで徹底的にたたかう、というものであり、実際にそれをどのようにして実現するのか、というように考えるならば、その内実は、裁判で「復職」をかちとる、というものになっていたのである。このように彼らが考えるときには、彼らの頭のなかでは、裁判所が階級的存在であるという国家＝革命理論的把握と、「解雇撤回」をかちとるためには労働運動としては裁判闘争を展開するのだという現実的な考えとが、別々の引き出しに入っており、後者の引き出しを開けたときには前者の引き出しは閉まっている、というふうになっていたのである。彼らは、裁判へのとりくみのなかで陳述書を書かせたりして左翼フラクションのメンバーたちを鍛えると考えたのであり、そうであるかぎり、これらのメンバーたちを引き上げるためには裁判に勝たなければならなかったのである。彼らの頭のなかの労働運動の展開にかんする考え方の入った引き出しの側につらぬかれていたイデオロギーは、マルクス主義を離陸したものであったのである。

「第三者機関」依存路線を批判することの否定

この解雇撤回の闘いを指導部の要として・指導部全体をひっぱりつつ・当該の革命的フラクション成員たちを「プロジェクト会議」というかたちにおいて直接に指導したメンバーは、――まだ指名解雇の攻撃がかけられる前に――組合破壊の攻撃をはねかえす闘いに組織として組織的にとりくむにあたって、右のような裁判闘争の闘い方を理論的に基礎づける文書を書いて組織成員に配っていた。その表題は、「「第三者機関依存主義」という批判について」となっていた。

企業経営者は、組合員たちを組合から脱退させるためにさまざまな攻撃をかけてきていたのであり、分会は組合本部のもとで、都労働委員会に訴える、ということをふくめて「不当労働行為反対」の闘いを展開していたのである。

激烈にたたかわれた解雇撤回の闘いとこれをめぐる内部思想闘争および組織的闘いを今日的に総括するために、われわれが組織討議をつみかさねてきた現時点において、わが同志たちは、このような文書があったことを思いおこし探しだし掘りおこしたのである。私は、いまはじめてこの文書を読んだ。

その指導的メンバーは、この文書を組織討議にかけたのではなかった。「自分の考えをまとめただけのものなので読んでおいてほしい」と言って配っただけであった。この配布の仕方は姑息であった。当時、わが同志たちは、何かわけのわからないことを書いている、と感じた。

わが同志たちは、当該の革命的フラクション・メンバーたちとともに、組合破壊反対の闘いのための・わが党のわが党としての闘争＝組織戦術にかんして「本部の第三者機関依存主義をのりこえてたたかおう！」というスローガンをも掲げるべきである、というように明らかにし、この指針を、その職場の主客諸条件の具体的分析に立脚して、わが革命的フラクション・メンバーが分会役員たるの資格においてうちだす組合の運動＝組織方針としてどのように具体化すべきなのか、というように、組織的に論議していた。

当該の文書は、このような方向での組織論議をひっくりかえすために、「第三者機関依存主義をのりこえて」と言ってしまうと実力闘争主義になってしまう、この闘いを裁判闘争および都労委への提訴というかたちでたたかう必要がある、と主張するものであった。

今日の地点にたってこの文書を読むならば、そこには決定的な問題がある。

その文書には、かつて動労や国労においてわが仲間たちが「「第三者機関」依存路線反対」を掲げたときの「「第三者機関」とは歴史的に形成された公労委のことを指すのであり、裁判所に提訴することについては「第三者機関依存路線」とは区別されるべきではないかと思う」、と書かれていたのである。要をなす指導的メンバーは、この言辞をもって、組合が裁判所に提訴する、というかたちでの闘いの指針の解明に、われわれが明らかにしてきたところの「第三者機関」依存路線批判の方法と内容を適用することを拒絶し否定したのである。このようなかたちにおいて、彼は、わが先輩同志たちが営々ときずきあげわれわれが受け継いできたわれわれの労働運動路線をその根底からくつがえすことを意志したのである。

彼は、このことを正当なものと見せかけるために、『スターリン主義の超克　第五巻　労働運動論』のなかの美津野大雪論文（一九八二年執筆）から、卑劣なやり方での引用をおこなった。「われわれがうちだすべきスローガンのなかから『第三者機関』依存路線反対」というスローガンが蒸発する傾向が部分的に存在していた。……実力闘争主義的偏向の端的な一表現でもある」（一六五頁）、というような・偏向の特徴づけの部分のみをこの論文から引用し、これが切開のすべてであるかのように見せかけたのである。しかもこの特徴づけそれ自体を、「執行部を「第三者機関依存主義だ」と批判する」と「実力闘争呼号主義的にぶれる危険性」がある、というように、一八〇度逆にねじまげたのである。このようにして、その偏向を克服するために積極的に展開されている部分（一六六〜一七三頁）はあたかも存在しないかのように装ったのである。これが、要をなす指導的メンバーのやり口であった。

彼が意図的に無視抹殺した部分には、次のことが展開されていた。

「過去においてわれわれが論議してきた内容は、主要には、（A）「第三者機関」依存路線を批判する前提としての、いわゆる「第三者機関」（ここでは公労委）の対象的分析にかんして、（B）総評民同

の「第三者機関」依存路線の歴史的変化とその諸形態の解明にかんして、である。」（一六六頁）

「公労委の本質的性格はつぎのようにいえる。公労委は政府ならびに支配階級が公企体労働者のスト権をはく奪し団交権を制限している条件のもとで設置されたものであり、「労使の紛争処理のための第三者機関」というという装いをとってはいるが、その目的・その実体構成・その諸機能からみると、けっして「第三者機関」なのではない。そのような仮象をとることによって支配階級が公企体労働者を支配し労働条件を統制することをなめらかにするための機関なのである。」（一六七頁）

「この両形態〔全電通民同および国労民同のそれ〕は革命的労働者の批判をまえにした総評民同の「第三者機関」依存路線の緻密化形態にすぎないのである。そこに貫かれているのが労資協調路線であり、「政策転換」路線であることは六〇年代前半となんら変わっていないのだからである。」（一六八頁）

ここに明らかにされている方法と内容を裁判闘争の問題に適用することを意志するならば、当該組合本部の裁判へのとりくみの指針を批判する前提として、裁判所の対象的分析をおこなわなければならず、その分析にかんしては、「統治のための政治的な諸機関、議会・行政執行機関・裁判所・官僚機構・警察・軍隊などは、国家の実体的構造をなす」（『社会の弁証法』一八八頁）、ということを明らかにしなければならないのである。

このようなことが論議になることがないように、指導的メンバーは、この部分の引用を避けたのである。このような理論的解明の入った引き出しを閉めておくということを、この指導的メンバーは自覚的にやったのである。

このことを踏み台として、彼は、「労働委員会や裁判をめぐる闘いの放棄」が労資協調路線なのだ、とねじまげたのである。そして、「双方の合意として意味を持つ「和解」自体を」めざし「労働委員会や裁判の場で経営者を刺激することを避け、彼らの顔をうかがう」というのではなく、「労働組合として断固として対決し一定の労使関係の基準を闘いとっていく」ことが、そののりこえだ、としたのである。これは、労資協調主義ならぬ、日本型ネオ・ファシズム支配秩序のもとでの国家の末端機関のてのひらのうえで労働組合が資本家と争い、この機関に労働組合の側についてほしいと必死で訴える、というもの以外のなにものでもない。これは、かつての全電通民同も国労民同もビックリ仰天という代物である。

当該労働組合本部の幹部たちは旧総評指導部の流れをくむその生き残りといえるのであるが、「対等な労使関係」をのぞむ彼らの労資協調路線を、そこにつらぬかれている日本型社会民主主義イデオロギーとの関係において暴露し批判する、ということは、この指導的メンバーも常任メンバーたちも思いもおよばないことなのである。先輩同志たちやわれわれがつみかさね蓄積してきた、総評民同の労資協調路線への批判も、西欧型社会民主主義とは区別される日本型社会民主主義——第二インターのベルンシュタインの改良主義の流れをくむそれ——にたいする批判も、彼らの頭のなかでは別の引き出しに閉じこめられたままなのであり、自分の頭がそうなっていることに彼らは気づきさえもしないのである。

しかもなお、「傍聴や意見陳述の作成、労働側証人の組織化、論争など」が、「独特な職場闘争」であり、「労働組合（員）の強化のための取り組み」だ、とこの指導的メンバーは言うのである。これは、組合員たちをして、現存の日本型ネオ・ファシズム国家の実体的構造をなす裁判所に幻想を抱かせ、彼らの階級的自覚を阻止するものにほかならない。

われわれは組合役員として組合員にどう訴えるべきなのか

日本労働運動が「連合」指導部に牛耳られているという条件のもとでは、労働組合は、解雇撤回の闘いを、団体交渉や種々の争議行動だけではなく、裁判や労働委員会に提訴する闘いをもふくめて遂行しなければならない。このとき、わがメンバーは組合役員として次のように提起しなければならない。企業経営者の仕打ちがあまりにもひどいばあいに、労働者たちが思いあまった行動に出ることがないように、労働者たちをなだめるような判決を、裁判所は出すのであり、日本の労働者階級と資本家階級との現在の力関係を大きく超えるほどに労働者たちに有利な判決を下すことはない、現在の国家の司法権をつかさどる裁判所に訴えるという闘いのこの限界を自覚し、裁判闘争にとりくむと同時に、種々の抗議行動や大衆集会というかたちで組合運動そのものを強化し、そのただなかで、改良をつみかさねていけばいいという考え方を克服して、日本の労働者階級の力を強くするようにたたかっていこう、と。わがメンバーは組合役員として組合員たちにこのように提起し、彼らの階級的自覚をうながしていかなければならないのである。

ましてや、労働者の利害をほんの少しばかり汲んだ地裁判決を完全にひっくりかえす判決を高裁が出した（逆転完全敗訴）うえでも、「最高裁に上告する」とともに、都労委の場に、偽装廃業（解散）のカギを握る企業側の人物を証人として「引きずり出し」「泥を吐かせる」ことができるならば・労働組合側の主張の正当性を立証することができる、などと、仮定を何重にも重ねた展望を構想するのは、最高裁と都労委に依存する度合いをよりいっそう深めていくものである。

高裁は、現存支配秩序を守るために、すなわち資本家が都合よく労働者を搾取する秩序を維持するために、企業側の主張を全面的に認めた判決を出したのであり、裁判所と裁判官は、そのような階級的存在である、ということを、わが革命的フラクション・メンバーは分会役員としてあばきだし、労働組合は力およばず解雇撤回をかちとることはできなかった、金銭和解に応じることを決定しよう、裁判を頼りにするのでは駄目だ、改良をつみかさねていけば労働者の未来を切り拓くことができるとして・労働者階級の解放を永遠の彼方に追いやってしまう考え方そのものを克服し、団結をうちかためこの現実を突破していこう、というように組合員たちに呼びかけ、組合員たちを強化していかなければならないのである。

闘いは破産し、左翼フラクションは崩壊した。

わが同志たちは、組織指導部によるわれわれの労働運動路線のその根底からの否定とくつがえしにたいして、労働組合を主体とした解雇撤回闘争の推進という・労働運動の左翼的推進の構造を対置して批判し、批判の圧殺にのりだしてきた彼らと果敢に、イデオロギー的＝組織的にたたかったのである。

B 「ダラ幹」をでっちあげての反幹部闘争の展開

裏切り弾劾の闘いのあてはめ

革マル派現指導部が全力を投入して推進したこの闘いが、「復職なき金銭和解反対」、その内実は「解雇撤回」をかちとるために裁判で徹底的にたたかう、という方針でもって分会員たちをかため、かためた分会員たちを組合本部にぶちあてる、というものとなったのは、二〇〇〇年代初頭に或る地方においてうみだされた誤謬を、全組織をあげて克服し教訓化することができなかった、ということを前提とし遠因とする。

或る単組において、革命的フラクションのメンバーが委員長として・この委員長を信頼している書記長職の民同系組合主義者と協力し・良心的な組合員たちとともに・この組合の執行部を形成していたのであったが、当該の革命的フラクションを指導していた・真面目な党常任メンバーは、この書記長が委員長と相談して組合の闘いの妥結の手続きを当局とのあいだでとったときに、「これは書記長の裏切りだ。分会の役員をやっている革命的フラクションのメンバーは、書記長の裏切りを弾劾する行動を展開すべきだ。この行動にまきこんだ組合員をオルグし・わが組織の担い手となるように教育しなさい」、と組織討議を引っぱり実行させたのであった。

委員長をやっている革命的フラクション・メンバーは、「妥結は、俺と相談してのことなんだ。裏切り弾劾なんて、そんなことをやったら大変なことになる」、と思ったのであったが、言えなかった。そのあと、彼はもんもんとして一晩中眠れなかった。

分会役員であった革命的フラクション・メンバーもまた「これは大変なことになる」と思ったのであったが、意を決して、書記長に「裏切ってなんだ」という声を浴びせた。書記長は血相を変えて委員長のところに飛んできて、「あんたと相談してやったことじゃないか。あんたの仲間のあいつらをおさえてくれ」とすがった。

組合は険悪な空気に包まれ、書記長であった民同系のメンバーは、次の組合執行部選挙で、委員長に対立候補として立つことを模索しはじめた。こうして、組合の基盤そのものが崩れはじめたのであった。

こうなってしまったのは、ダラ幹の裏切りを弾劾する行動をわが仲間たちがやり、この行動にまきこんだ組合員たちをオルグする、という・活動のやり方しか、常任メンバーは体得していなかったからである。

このようなつきあげの闘い、反幹部闘争と呼称されたそれは、典型的には、一九六〇〜七〇年代に、国鉄戦線においてわが同志たちが果敢にくりひろげたものであった。「暁の脱走」と呼ばれた国労中央の裏切りを阻止するために、国労組合員あるいは動労組合員であったわが同志たちは、職場の組合員たちを組織して国労本部におしかけ、「裏切るな！　ストをうちぬけ！」と声をあげたのであった。そして、わが同志たちは、この闘いにとりくむにあたって、そしてこの闘いのただなかで、さらにこの闘いの終結をうけて、ともにたたかってきた組合員たちをオルグし、彼らを革命的フラクションの担い手へと変革してきたのであった。

この常任メンバーやその他の常任メンバーは、このような反幹部闘争のやり方を、やり方としてしか学んでいなかったのである。

このゆえに、彼は、やり方としての反幹部闘争方式をあてはめるために、すなわち、「悪質なダラ幹とこれをつきあげる戦闘的および革命的労働者たち」という構図を意図的につくりあげるために、協力的な民同系の組合幹部を、「悪質なダラ幹」と見立てたのである。彼には、これ以外の頭のまわしようがなかったのである。

「特別な方針」の解釈論の未克服

彼がこのような観念的思考におちいったのは、そして他の常任メンバーたちも同様であるのは、現実的には、わが党員ないし革命的フラクションのメンバーが組合役員として単組執行部を牽引している、という主体的条件のもとで、わがメンバーが組合役員としてどのような組合の方針をうちだし、かつこの方針にのっていかに諸活動を展開すべきなのか、ということを、彼らが解明しえない、ということにもとづく。

こうしたばあいに、多くの諸企業では、企業経営者が激烈なあるいは巧妙な合理化＝組合組織破壊攻撃をかけてきている、と同時に、これに単組として反撃しようにも、日本労働運動が「連合」指導部に牛耳られており、支援の闘いをのぞめない、ということが、物質的諸条件をなす。

わが党の闘争＝組織戦術を、職場の主客諸条件の分析に立脚して、わが党員が組合員ないし組合役員たるの資格においてうちだす組合の運動＝組織方針として具体化しなければならない、ということにかんしては、常任メンバーたちはこの理論を覚えこんではいる。だがしかし、この理論を現実的に適用して・右の主客諸条件のもとでの組合の運動＝組織方針の内容を具体的に解明することを、彼らはなしえないのである。

組織的に確認されていたテーゼは次のようなものであった。

当該企業が企業危機におちいっており、かつわが仲間たちが組合執行部を中心的に担っている、という主客諸条件のもとでは、わが仲間たちは組合役員として、「合理化反対（＝一定の諸条件のもとでは合理化を認めることになる）」という「特別な組合の方針」をうちだすことも考えなければならない、というのがそれである。

だが、（ ）のなかに言う「一定の諸条件」とは、その前に提示されている主客諸条件のことである。すなわち、いま問題にしている職場は、すでにそのような「一定の諸条件」のもとにあるわけである。そうすると、（ ）の前に位置づけられている「合理化反対」は、そのような諸条件がないときの組合の基本的な方針、すなわち建前であって、いまはそのような諸条件のもとにあるのだから、組合は合理化を認める、ということになるのである。しかも、組合の中心的な役員であるわがメンバーは、「合理化を認める」というように主体的に決断するのではなく、「……ことになる」というように、結果を予測するだけなのである。

これでは、わがメンバーは、みずからが組合役員としてうちだす組合の方針を主体的に解明することはできないのである。

一九八〇年代後半に、常任メンバーと労働者同志とが右翼組合主義的偏向におちいった根拠は、ここにある。

ところが、今日では革マル派の指導部を構成しているメンバーたちは、このことを反省せず、どの単組においてもわが労働者同志あるいは革命的フラクション・メンバーはこの組合の執行部を中心的には担っていない、ということにしたのである。こうすることによって必然的に、彼らは、単組執行部のなかに「ダラ幹」をでっちあげなければならないことになったのである。

「合理化反対（＝一定の諸条件のもとでは合理化を認めることになる）」というテーゼそのものが誤謬なのである。

一九八〇年代初頭にわれわれが解明したのは次のようなことであった。

当該企業が深刻な企業危機におちいっており、労働組合の中軸的な役職にわが仲間たちがついている、しかもマスコミをも使っての反組合キャンペーンが激烈になされている、このような主客諸条件のもとで、企業経営陣がこの企業危機をのりきるためにかけてきた、〇〇部門の外注化という形態をとっての合理化＝組合組織破壊攻撃をはねかえすために、わが仲間たちは組合役員としてどのような組合の方針をうちだすべきなのか、ということを、われわれは論議したのであった。

〇〇部門の外注化阻止＝一定程度の配置転換・労働強化は認める、というように簡潔に表現しうるところのものが、われわれの解明した組合の方針であった。

〇〇部門に下請け企業・孫請け企業を導入することは絶対に阻止しなければならなかった。しかし、〇〇部門の諸職場では業務量がどんどん減っているのである。組合は、定年退職者が出た職場に他の職場の労働者を配置して、下請け・孫請け労働者は入れるな、という方針をとる、とわれわれは論議したのである。

ところが、その後、この論議を教訓化することにわれわれは失敗し、「合理化反対（＝一定の諸条件のもとでは合理化を認めることになる）」という定式が、組織的に普遍化されることとなったのである。

このことの反省に立脚して私は言うのであるが、こんなことを抽象的に語るのではなく、企業経営者がかけてきた悪辣な合理化＝組合組織破壊攻撃を具体的に分析し、この悪辣な形態の合理化＝組合組織破壊攻撃を阻止する、という組合の運動＝組織方針を、われわれは主体的に内容的に解明しなければならないのである。

C　分派闘争の展開

先にのべた、解雇撤回闘争の過程において、わが同志たちは、「組合としての大衆的な闘争を否定するのは誤謬である」、「分会をかためて本部にぶちあてる、というのはフラクションとしての労働運動という偏向である」、とあばきだし批判して、内部思想闘争を執拗に展開し、かつ組織的にたたかった。

自己保身にかられた組織指導部は、組合運動場面でもわが組織内でも中心的なわが同志を、「プロジェクト会議」から組織的に排除して、自分たちの方針を下部に貫徹した。

自分たちの誤謬を批判するわが同志たちを各個撃破的につぶすために、この組合運動上の問題とはかけ離れた別の問題をもちだして同志たち一人ひとりと個別論議を設定し、組織指導部を構成するメンバーたちが、反対派つぶしのフラクションを組んでこの個別論議にのぞみ、わが同志に反論されるたびごとに別のメンバーがまた別のことを言う、というかたちで、批判ともいえぬ非難の声をわが同志にあびせた。

わが同志たちは、それぞれ一人で、この非難に理路整然と反論した。

わが同志たちは、このような官僚主義的な反対派つぶしの策動をうちくだくために、分派を結成し、一致団結してスクラムを組んで、組織指導部による組合運動への組織的とりくみの指導のゆがみと内部思想闘争および組織建設そのものの歪曲をあばきだし、イデオロギー的および組織的にたたかいぬいた。

わが同志たちの組織的闘いによって追いつめられた組織指導部は、ついに、この闘いの先頭にたった三名のわが同志たちを組織そのものから組織的に排除する、という挙にうってでたのである。二〇一九年一月三〇日のことであった。

五　批判者をつぶすための保身集団への組織の改編

組織指導者たちは、私の組織指導と労働者同志たちおよびマル学同（マルクス主義学生同盟）メンバーたちの組織活動にかんして自分たちのこしらえあげた像を認めるように私に迫り、問題を「血も涙もない合理主義者」というレッテルをもってする私の人間的資質に帰着させた。私の指導した組織的な論議にもとづいて労働者同志たちやマル学同メンバーたちが現にくりひろげた諸活動はその像とは異なる、そんな単純なものではない、という私の反論を、彼らは「反省をひっくりかえす気か」と封殺した。内部思想闘争の出発点をなす、われわれの諸活動の物質的現実（Ⓑ）そのものの認識の同一性をつくりだす、ということそれ自体を、彼らは拒否したのである。

しかも、「反帝国主義・反スターリン主義世界革命戦略を歪曲している」、という私の批判にたいしては、彼らは、彼らの私への批判を私が認めていない、ということをもって、私に答えず、かつ、答えないという自分たちの態度を正当化したのである。

人間的資質に欠陥があると自分たちが考え、その変革を迫っている人間は組織成員としてはあつかわない、というのが、私への彼らの組織的措置であった。

私は、私の組織指導の欠陥を、私が組織的に論議して労働者同志たちやマル学同メンバーたちがおこなった諸活動の具体的分析を基礎にして反省する、と同時に、政治的感覚が弱いこと、および、論議している相手の組織成員をなかなか丸ごとつかめないこと、というように自覚している・私自身の組織成員としての資質の欠陥を、場所的に、日常生活において、また職場の労働者たちとのふれあいにおいて、そしてなによりも、わが組織をゆがめる組織指導者たちとの闘争において、克服するために、私は努力した。

私は、このようにおのれ自身を変革する努力をつみかさねることを基礎にして、組織指導者たちが、スターリニズムの誤謬については自分たちはすでにわかっているのだ、という・自己肯定の立場にたって、破産したスターリン主義をその根底からのりこえていくための理論的・実践的・組織的闘いを放擲する、とともに、わが組織を上から官僚主義的に変質させていく、この諸策動に対決し、彼ら指導部によって変質させられたわが革マル派組織を革命的に解体し止揚するためにそれ独自のイデオロギー的＝組織的闘いを遂行してきたのである。

組織指導者たちは、私にたいしてとったのと同様の組織的措置のとり方を、あらゆる場面に貫徹した。

革マル派現指導部を構成している組織指導者たちの組織建設の誤謬を克服していくためには、われわれは、われわれがくりひろげた諸活動の現実そのもの、この物質的現実Ⓑそのものの認識の組織的同一性をつくりだすことを基礎にして、この諸活動にはらまれている問題性を下向的にえぐりだしていく、というかたちでの内部思想闘争を実現していくのでなければならない。

ここに言う・組織論議の出発点にかんしては、われわれは、これまで、これを、「Ⓑを確定する」、と呼んできた。だが、組織指導者たちは、Ⓑを確定するための論議の土俵にはのらないのである。誤謬を犯したと自分たちが見なした相手を批判するために、自分たちに都合の良いメンバーからのみ事情聴取した素材をもとに勝手な像をこしらえあげ、この像を認めることを相手に迫る、という論議の方式を彼らはとるのである。「それは現実とは違う」という相手の反論にたいしては、「反省を放棄するのか！」と言って、これを彼らは封殺するのである。

これでは、組織を組織として確立していくための組織論議にはならない。組織を構成する諸成員の実践的思想的人間的同一性をたかめていくための内部思想闘争にはならない。それは、組織成員の組織的主体性を破壊し、組織指導部に従順な人間として組織成員を育成していくための官僚主義的論議なのである。

さらにはまた、組織成員の組織成員としての資質上の問題を、その組織成員の育った家庭環境などに規定された・その成員の形成過程にほりさげるというかたちをとって、その成員の人間的資質に問題を帰着させるのは誤謬である。あくまでも、組織成員の組織成員としての資質上の問題をえぐりだしていくために、この問題を、その成員の形成過程との関係において分析していくのであって、前者の問題を後者の形成過程の問題にだんだんと移行させていってはならないのである。

しかもなお悪いことには、組織指導者たちは、組織成員の人間的資質それ自体を問い・その変革を迫ることを、自分たちが人間的資質の変革を迫っている成員からの自分たちへの批判を封殺するための手段として利用したのである。すなわち、彼らは、自分たちが人間的資質の変革を迫っている人間にかんしては、この人間を組織成員としてはあつかわない、という組織的措置をとったのである。

いまや、彼ら組織指導者たちは、自分たちを批判する人間にかんしては、彼の人間的資質を問い・その変革を迫って、彼の批判を無視抹殺する、という・組織を支配する方式を定式化したのである。

下部の組織成員から批判をうけて自己批判するというかたちで動揺をくりかえした常任メンバーを、下部の組織成員から隠すために、トカゲのしっぽ切り方式を駆使して、彼を就職させた、というばあいにも、組織指導者たちは、右の組織的措置のやり方を貫徹したのである。

「彼は三歳児なんだ」とか、「彼はかわいそうだけどカタワなんだ」とかという、しっぽ切りにされた常任メンバーを評論する言辞が、組織内でとびかっている理由は、ここにある。

このような組織的措置の方式が定式化されることによって、常任メンバーたちはビビリあがり、下部の組織成員たちはただただ指導部に合わせ従順に従うことに汲々としているのである。

解雇撤回闘争の裁判闘争への封じこめと反幹部闘争の捏造をわが同志たちに批判された党常任メンバーと中央労働者組織委員会メンバーたちは、同志たちを個別的につぶすために、党指導部そのものを反対派狩りのためのフラクションに変貌させた。彼らはあらかじめ意志一致したうえで、設定した同志たち一人ひとりとの個別論議で、よってたかって非難の声を浴びせる、と同時に、同志たちの所属する革命的フラクションのメンバー一人ひとりに「だれそれとの闘いに協力してくれ」とオルグをかけたのであった。

このとき、党指導部を構成するメンバーたちは、党細胞が確立されていない、という組織の現状を最大限に利用した。労働者組織といってもその基本的な組織形態は、革命的フラクションであり、このフラクションの中心的メンバーからなる産業別的規模の会議がもたれているにすぎなかった。さらには、これのうえに、中央労働者組織員会と呼称される組織形態が、党中央肝いりの象徴的なメンバーをもって、浮きあがったかたちで設置されているだけであった。

党細胞が確立されているならば、生起した思想的および組織的問題にかんして、党員全員に提起して組織的に論議しなければならない。ところが、運動づくりと組織づくりの接点の実体と規定される革命的フラクションは、党組織がそれぞれの場においてつくりだし指導する組織形態であって、党組織そのもののの構成部分ではない。

このことを、党指導部は、基本的には革命的フラクションのメンバーである労働者組織成員たちの分断支配のために活用したのである。解雇撤回闘争をめぐる対立と論争について、党指導部は、当該の革命的フラクションと当該産別のフラクション・リーダーの会議および対策会議での論議に封じこめ、他の産別や当該産別の他の革命的フラクションのメンバーたちには一切知らせなかったのである。

しかも、党指導部が、自分たちを批判する組織成員たちを各個撃破的につぶすために、自分たち指導部それ自体を反対派狩りのフラクションに変貌させたことは、彼らが実質上分派禁止の組織的措置をとった、ということにほかならない。彼らは、自分たちの誤謬をあばきだす組織成員たちが分派を結成して自分たちにたちむかってくるのを阻止するために、自己保身的かつ自己保存的に身を寄せ合い、組織成員一人ひとりへの攻撃をくりかえしたのだからである。

『組織論序説』において次のように規定されている。

「理論上の対立や戦略戦術上の相違にもとづいた革命的分派組織の結成と、これを実体的基礎とした分派闘争の展開が必然となる。指導部と非指導部との、あるいは下部組織のあいだの相互点検と相互批判をバネとし、理論上の対立点を明白につきだしながらも、革命的実践における統一を決して破壊しないところの分派組織を結成してたたかわれる党内闘争――これが是認されているか否かが、前衛党の革命性を度量するための**第五**のメルクマールである。」（二三五頁）

分派闘争の是認という・われわれのこの組織原則を彼らは破壊したのである。

彼らは、自分たちを批判する組織成員を、批判できないまでに痛めつける、というかたちで、組織成員の共産主義者としての主体性を破壊することをくわだてた。

彼らは、われわれの反帝国主義・反スターリン主義世界革命戦略を歪曲するとともに、労働運動の展開そのものをねじまげた。

彼らは、党組織を、自分たち指導的メンバーの保身集団と、労働者同志たちの分断支配へと変質させた。

彼らは、われわれの諸活動の現実（B）の認識の組織的同一性を創造するための論議を拒否する、というかたちで、そして自分たちへの批判を無視抹殺する、というかたちで、われわれの内部思想闘争を破壊した。

そして彼らは、自分たちを批判する組織成員たちが分派を結成して分派闘争を展開するのを阻止するために、なりふり構わず、あらゆる政治技術主義的手をつくしたのであり、逆に自分たちの方が追いつめられるや、この組織成員たちを組織から組織的に排除したのである。

彼らは、前衛党の革命性を保証する五つのメルクマールをことごとく踏みにじった。

このことの根源は、彼らが、わが同志黒田寛一の革命的マルクス主義の立場と実践的唯物論そのものを破棄したことそのものにある。

六　組織成員を自分たちに盲従させるための哲学

二〇一九年一年間をつうじて革マル派組織を風靡したのは、空手の型をおもわせる体操であった。もしもこれだけのことであるならば、老齢の域に達した人も多いことであるし、健康のためによいことだ、と大いに納得することができる。

だが、問題は、この体操が、黒田哲学を解説する講演学習会において、「実践論を体得するために」と題した・この体操の手順の図解をもとにして、講師の「実践論を体得しましょう」という号令一下、参加者全員でおこなわれたことにある。そして、下部組織成員や革命的フラクション・メンバーや「解放」読者などからなる参加者たちが、「おお！　これで実践論を体得できた！」「実践的立場にたてた！」「黒田哲学を主体化できた！」というように感激し感動し、勇気をわきたたせ、そのことを感想文としてつづったことにある。

この図のなかには登場人物は一人しかいない。一人の人物が、空手の型のようなしぐさを演じているのである。会場でも、みんなが演壇に向かって立ち、空手のように腕を動かしている、というさまが脳裏に浮かぶ。

何が問題なのか。

相手がいないのである。

もしも、侵略者から自分たちを守るためにつくりだされた沖縄の空手それ自体のように、相手にたちむかうために・相手を見すえて身構える、というのであるならば、われわれが実践的立場にたつ、ということをイメージするための類推として、話はわかる。

だが、相手が存在していないなかでいくら身構えるような姿勢をとったとしても、それは、われわれが実践的立場にたつ、ということとは無縁である。実際、図解ではその体操の出発点は「基本のポーズ」と記載されているのである。組織指導者たちにとって、実践的立場にたつ、とは、モデルがカメラの前でとるポーズのようなものなのである。そう言って悪ければ、それは、夏休みに子どもたちがラジオ体操をはじめるためにすがすがしい気持ちで公園に立つ、というようなものなのである。

われわれは、おのれのおいてある場所をなす物質的現実を変革するために、この物質的現実を変革するという立場、すなわち実践的立場にたつのである。われわれとわれわれが変革する対象、というこの二実体の物質的対立を措定することをぬきにして、われわれが実践的立場にたつ、ということを、だから、われわれの実践そのものを、われわれは主体的に解明することはできないのである。

空手の型をおもわせるこのような「ポーズ」の図解を下部の組織成員におぼえこませることは、そしてこれにそって彼らに演舞させ彼らの体にしみこませることは、組織指導者たちが下部組織成員たちを自分たちに従順に従わせるためにきわめて都合のいいことである。

彼ら組織指導者たちが、いくら現実離れした主張を定式化したとしても、また、いくら下部組織成員たちの現状を無視して硬直し間違った指導をしたとしても、さらには、自分たちを批判した組織成員たちを組織的に排除したことをひた隠しにしていたとしても、かのポーズを下部組織成員たちの頭脳と体にしみこませているならば、これらの組織成員たちはそれらのことに気づき自分たち指導部を批判してくることはないからである。彼ら下部組織成員たちは、現実にはおのれに迫ってきている感性的対象をなす、世界および日本国内の諸事態や組織の危機的な現状や、また自分にはまだ見えていない・組織成員への理不尽きわまりない仕打ちなどを、直視しない人間にまで改造されているからである。おのれの直面している物質的現実とは無関係に・かの体操もどきの組織活動をやるように、彼らは仕向けられているからである。組織指導者たちの組織指導を、組織が直面している組織内外の現実そのものを唯物論的に分析することに立脚して検討しないかぎり、それに疑問をもつこともそれを批判することもできないからである。

だが、下部組織成員たちをしてこのように仕向けたとしても、組織指導者たちは、私および同志たちへの・組織原則を踏みにじった行為を、また批判の目をもった組織成員や自分たちに都合の悪い組織成員への官僚主義的措置を、下部組織成員たちから隠しとおし、正当化しとおすことはできない。

この事態を自己保身的かつ自己保存的にのりきるために彼ら組織指導者たちが提唱しはじめたのが、「組織哲学」なるものなのである。

同志黒田寛一が組織成員のあり方をわかりやすく説明するためにもちいた仏教用語たる「自利即利他、利他即自利」を、彼ら組織指導者たちは、黒田の威を借りて金科玉条のごとくにふりまわし、そうすることによって、自分たち現指導部の指導する現存の組織におのれを合わせ、この組織の利益がおのれの利益であると感じるようになることが、わが革マル派の組織成員のあるべき姿なのであり、組織成員の組織的主体性なのだ、と説いているのである。これが、この「組織哲学」なのである。

これは、下部組織成員たちから批判精神を奪い取り、現組織指導部に盲従する誓いをたてることに誘うものである。これは、現在あるがままの党を物神化することへの導きなのである。これは、「民衆のアヘン」たる・もともとの宗教への回帰にほかならない。いや、これは、革マル派組織成員のアヘンたる党物神崇拝教への帰依を、組織成員たちに迫るものなのである。

同志黒田寛一は、『日本の反スターリン主義運動　2』において次のように明らかにしたのであった。

「わが同盟の組織的全体性とは、プロレタリアートの階級的全体性の自覚的表現にほかならず、そのたえざる高度化はわが同盟組織の労働者的本質の実現にほかならない。しかも、このことは、ただ自覚したプロレタリア、つまりマルクス主義で武装したプロレタリア、だから共産主義的人間という普遍的個別性をかくとくした革命的プロレタリアによって、わが同盟組織が実体的になわれ構成される場合にのみ現実的に可能となる。階級的全体性として意義をもつ組織的全体性とプロレタリア的主体性＝個別性との統一、これが革命的前衛組織としてのわが同盟の本質である。」（三一六頁）

だが、組織指導者たちは、このような党建設論的解明を投げ捨て、これから切断したうえで、「自利即利他、利他即自利」なるものを文字どおりお経のように、組織成員たちに吹きこんでいるのである。このようにして形成されている現存革マル派組織、その組織的全体性は、プロレタリアートの階級的全体性からかけ離れたものとなっているである。組織指導者たちによる、組織成員を武装するためのマルクス主義、その真髄たる実践的唯物論の放擲と、理不尽な組織的諸措置をもってする・組織成員たちのプロレタリア的主体性の破壊のうえに、現存組織は成立しているのである。

われわれは、このように変質したわが組織をその根底からくつがえすために、すなわち、変質し腐敗した組織指導部を打倒し・革マル派組織そのものを革命的に解体し止揚するために、執拗にイデオロギー的・組織的にたたかいぬいてきた。

わが同志たちの・分派を結成しての下からの分派闘争の展開に追いつめられた組織指導部は、この闘いの先頭にたった同志三名の組織からの組織的排除の挙にうってでた。このようなかたちで、彼らは自己保身的な官僚主義的のりきりを図ったのである。

われわれは、この策動に断固として対決し、反対派狩りを許さずにたたかいぬくと同時に・新たな反スターリン主義プロレタリア前衛党を創造することを決意し、組織的に決断し、日本革命的共産主義者同盟革命的マルクス主義派（探究派）を結成した。

われわれは、わが黒田寛一がハンガリー革命を主体的にうけとめ、日本反スターリン主義運動と組織を創造してきたこの苦闘と魂をわがものとし、反スターリン主義前衛党を創造し確立していく決意である。

破産したスターリン主義をその根底からのりこえていくことを意志する皆さん!!

労働者階級の自己解放をめざす、すべての労働者・勤労者・学生・知識人の皆さん!!

変質した革マル派現指導部を打倒し、日本反スターリン主義運動を再興しよう!!

二〇二〇年三月一五日

「規律違反」の〝錦旗〟を掲げた「永久追放処分」の官僚統制を撃ち破れ

今出連太郎

われらの「反帝国主義・反スターリン主義」の「プロレタリア世界革命」は何処へ！

「個別論議」による内部思想闘争の分断、「組織規律違反」という名の官僚統制に抗して

ワルシヤワ労働歌のフレーズに「われらは若き兵士、プロレタリアの」とある。その「若き兵士」は、「革命的マルクス主義」で武装し共産主義者としての主体性を貫く「革命的プロレタリア」にほかならない。そのように目覚め立ち上がった新しい仲間に「小ブルインテリ」と悪罵を投げつけたのが中央指導部の一員であった常任メンバーであった。その常任メンバーを「唯《ただ》―物《もの》―論《ろん》（のスターリン主義者）に転落した」と切って捨て、組織としての自己批判＝総括を回避しようとしているのが現指導部自身ではないのか。その常任メンバーを、彼の組織指導の破産の組織総括を全体討議にかけることもなく処分し、あまつさえその常任メンバーの破産の問題をこれまで彼の指導への疑問や批判を提起し続けてきた被指導部たる同志

たちへの「その常任メンバーの屈服」にすり替えるとは何事ぞ。これでは自分たちをその常任メンバー以下の「唯一物一論」者と自認するものではないか。∧スターリン以下のスターリン主義者!!∨

常任メンバーの指導の誤りを、己の実存をかけて批判した同志にいち早く呼応してたたかってきたのが、いま非難されている同志であった。現指導部は、この同志による、労災で生活困窮していた或る〝心優しき〟労働組合活動家への生活資金援助を「組織規律違反」と断罪し、この「彼の組織問題の個別論議」という名の「欠席裁判=追放」を強行しようとしている。しかし考えてみよ! 彼と同じ状況に置かれたならばどうすべきか、と。つまり、これまで自分が組織化しようとしてきた労働者が労災によって働くこともできず生活に困窮し、自分を頼って借金を申し入れてきたらどうするのか、と。「自分の貯金より多い」とやっかんでみたり、「その労働者を見捨てよ」とでもいうのであろうか。これは、「貧困と格差」に突き落とされている日本の労働者階級の現状になにひとつ思いをはせることもない「非人間的な」仕打ちのススメと言わざるを得ない。こんな連中に「労働者階級の解放」なんてできっこないし、そう語ることは断じて許されない、と思うがいかがであろうか。

各自きっかけはさまざまであろうが、反スターリン主義運動に参加し闘ってきた同志諸君、思い起こしてほしい。∧スターリンによるトロツキー追放∨がいかに悲惨な歴史をひきおこしてきたのか。

心ある同志諸君! わが反スターリン主義運動は今その生命を、硬直し堕落した一部の現指導部たちによって断ち切られようとしていると言わざるを得ないのだ。いまここで、これら腐敗せる官僚を打倒するために起ちあがらねば取り返しのつかないこととなるであろう。

「小ブルインテリ」と悪罵を投げつけた常任メンバー自身を参加させたこの問題の組織総括の全体論議の

場を設けよ。

非難されているわが同志自身の参加した「組織規律違反」問題を論議する場を設けよ。

欠席裁判は断じて許されない。

二〇一九年一月二〇日

われわれの分派闘争の党建設論的総括

佐久間置太

過去数年間にわたる、腐敗した党指導部にたいする組織内闘争の限界露呈において、われわれは今新たに日本反スターリン主義運動を推し進める新たな党の建設を決断し、新たな闘いに勇躍踏み出した。

われわれが推し進めてきた組織内思想闘争は、決定的な断絶と飛躍を迎えることとなった。わが同志たちの果敢な思想闘争によってその変質ぶりを暴露されて追い込まれ、焦燥し、いやヒステリー化さえした現指導部は、われわれを組織外へと追放するという暴挙に打って出たのである。われわれはむしろ、現指導部の反スターリン主義運動の革命的伝統とは無縁な策動との対決を通じて、反スターリン主義運動を真に受けつぎ、〈反帝国主義・反スターリン主義〉世界革命の先頭に立つ新たな党の建設を決意したのである。この意味で、われわれは腐敗した党指導部との闘いを通して、革共同第四次分裂を闘いとったのだと言える。そしてこの闘いは始まったばかりであり、やがて腐敗した指導部のもとで形骸化を深める現・革マル派の解体止揚をドラスティックに実現し、革命的前衛党の再建をかちとるのでなければならない。

まさにそのために、われわれは、この間の組織「内」闘争における限界を明確にし、その克服を通じて前進するのでなければならない。

一　組織「内」闘争の経緯

〔第一段階〕　二〇一三年以降、われわれ（当初は加治川、佐久間）は、直面する諸問題への党指導部の対応の歪みを、主として労働運動への組織的取り組みにおける歪みをめぐって、個別的な論点について、その都度思想闘争を展開した。だが、その過程において、個別的な理論的諸問題や運動への組織的取り組み上の諸問題を超える重大な問題、すなわち現指導部による組織内思想闘争の没理論的で、政治主義的なねじ曲げに直面し、強い意志をもって闘いを進めなければならなかった。（後に黒江がこれに加わった。）

〔第二段階〕　われわれは、現指導部の腐敗への怒りと、反スターリン主義運動を何とか立て直そうとする強い意志を共有する仲間たちで団結し、下からではあるが、組織内思想闘争を組織的に遂行したのであった。

〔第三段階〕　この闘いの進展を通じて、われわれは、産別合同合宿での指導的メンバー・川韮の悪質な言動を摘発し、それを通じて党の現指導部の思想的変質と腐敗を暴き出し、それ自体欺瞞的ではあるが、彼の一定の「自己批判」をも勝ち取った。この闘いを通じて新たな仲間を獲得したことを基礎として、実質的には分派としての意義をもつ組織内フラクションを創造し、組織内闘争を「分派闘争」へとおしあげた、と言える。その結節点は、合同合宿で摘発した川韮の問題をめぐる思想闘争を、腐敗した現指導部そのものへの弾劾の闘いへと押し上げることによって画された。

〔第四段階〕　だが、この闘いを通じてその変質と腐敗を満天下に暴き出され追い詰められた現指導部は、スターリニストまがいの手法を用いて、われわれの闘いを封殺し、われわれを組織外へと追放せんと決意したのであった。その現実的貫徹が、今川君の問題を利用した加治川・佐久間・黒江の三名の組織からの排除（一・三〇事件）なのである。この反動的攻撃との闘いをわれわれは今もなお推進しつつ、新たな党を建設する決意のもと、その土台を創りだすために、奮闘しているのである。

二　「分派闘争」における限界

各段階におけるわれわれの闘いの全般的多面的教訓化は、もちろん必要であるが、ここでは、第三段階から第四段階への推展にかかわる組織戦術上の問題について、教訓化をはかりたい。

直接的な問題は、二〇一八年晩秋に開始された現指導部の、今川問題を利用したそれ自体あまりにも腐敗した政治主義的攻撃の開始に直面し、反撃が問われた時点における問題である。

この時点で直接に矢面にたたされた佐久間は、今川問題がその直接性においては、現党組織内部で己の正当性を主張することには無理のある問題であることは自覚しつつも、現指導部の悪意をむき出しにした攻撃には激昂し、組織会議において、現指導部に対する怒りをぶちまけた。それだけではなく、現指導部が前線の闘いから浮き上がり官僚主義的的腐敗を深めていることを暴き出し反撃した。この佐久間の対応を、現指導部はむしろ活用して、仲間たちの佐久間への反感を煽り立て、他のメンバーたちをアンチ佐久間の方向に誘導・操縦したのであった。この佐久間自身の即自性が、第四段階の開始期における闘いの一定の不首尾をもたらすものとなったことは否みがたい。

このことをわれわれの組織戦術の観点から捉え返したい。

三　この間の「分派闘争」に関する組織論的教訓

1　組織論的考察の弱さの克服のために

既にわれわれは、二〇一三年来の組織内思想闘争を通じて、現指導部の変質・腐敗を的確につきだしかつ暴き出してきたのであった。しかしながら、党内＝分派闘争にかかわる以下のような諸問題については、充分な組織論的考察を欠如したまま突き進んできたことは否みがたい。

その第三段階（二〇一四年以降―加治川の闘いと佐久間の闘いの結合、さらに黒江の合流）も、なおいわば「平時」における組織内論争のかたちにおいて闘われた。けれども、現指導部の自己保身的対応に直面し、論争は停滞した。現指導部のあまりの腐敗ぶりにわれわれは、強い否定感と危機感をもつとともに、三人のメンバーで会合をもち、わが組織の現状の分析や、われわれ自身の思想闘争の自己点検を積み重ねるとともに、現指導部の腐敗に関する認識を深め、闘いを強化した。この闘いを［図―2］で示す。
旧党を「X」とし、党内反対派フラクションを「(X)′」とする。――このように本論文では組織形態を大文字（「X」等）で、その組織形態の実体的担い手を小文字（「x」等）で示すこととする。
［図―1］では、われわれの闘いの歴史的条件をなす現在の腐敗した指導部に統括される党（「X」）をピラミッドを平面化した三角形で示し、その構成については単純化して、「指導部」（X_0）と「下部組織」（X_A・X_B・X_C…）とした。われわれは、「指導部」内には実存せず、下部組織の内部で、下部組織成員として、他の指導的メンバーなどの諸成員との論争を行うとともに、文書活動をもつうじて、直接的にも最高指導部との論争を推し進めた。［図―1］で下部組織の間に点線を入れているのは、現党Xではそもそも、＜縦・横・斜＞と言われるような活発な思想闘争がそもそも行われておらず、党指導部によって事実上の分割支配が行われていたことを示す。［図―1・2］では、下部組織内の実体的関係を示した。――x_1・x_2・x_3…はX指導部に盲従している（翼賛的）組織成員たちを、さらに、x'_1・x'_2・x'_3は、Xの内部で、その組織的羈絆のもとでではあるが、現党指導部を打倒するために闘う党内反対派（「X′」）の仲間たちを示す。（図解は一三四～一三五頁を参照のこと）
［ここでは、「分派闘争」の理論的考察をも試みているが、上記のように、あくまでもここ数年にわたるわれわれの闘いをふりかえることを通じて、「分派闘争」を理論的にも考察することとなるので、最初から党が腐敗した現指導部のもとで歪められていることを前提としている。「分派闘争」は一般的には党組織の分裂＝新党の結成に直結するものではないが、このたびのわれわれの闘いにおいては、組織的分裂をも視野に入れて「分派闘争」を闘うことが問われたと言える。それほどまでに現指導部の腐敗は深く、組織そ

のものの歪み・腐敗した指導部に盲従する諸組織成員の主体性喪失＝堕落は深かったのである。」

第三段階においては、われわれは現指導部の腐敗をヨリ広く・ヨリ深く暴き出し、この闘いを通じて反対派フラクションの量的拡大をもかちとった。それは、今日からすれば「分派」（同時に＝新党の母胎）と規定しうる質をもったものといえる。（それをＹとして示す。）組織「外」で定期的に会議をもち、今後の闘いの基本的方向について仲間たちの間でなお齟齬を孕みつつも、組織的に闘いを推進した。この時点で、われわれは分派闘争を分派闘争として、組織的決裂をも展望して、いかに推進するべきかを組織論的に考察することもまた問われたが、そのような理論的解明はなしえないままに闘いを推進した、といえる。この闘いを示したものが［図―3］である。［図―2］では、x′（Ｘ内の反対派メンバー）として表記されていたわれわれのメンバーは、「外」なる新たな「党」の母胎・分派としての∧X′＝Ｙ∨のメンバーではあるが、Ｘの内部にありながら、その腐敗をうち破るために闘う。言い換えれば、この段階のＸ内部のわが仲間は、本質的には党「外」のＹの成員（ｙ）であるが、なおＸ党内部においては、∧ｙ＝x′∨として自己を二重化して（ｘたるの資格において）諸活動をくりひろげ、Ｙの組織戦術を貫徹することが問われた。

そして現指導部のわが同志たちにたいする悪辣な排除攻撃に対決して、われわれは組織的決裂をかちとった（第四段階）。この闘いを示したものが、［図―4］である。Ｘ組織と決裂したわれわれは、新党Ｙを創造し、Ｘ組織内に残留しスターリニスト的「粛清」を弾劾して闘う仲間たちとともに、Ｘの外に新党ＹをＹとして確立するとともに、Ｘ組織の内外での活動をつうじてＸ党を解体し、それに代わる新たな党として確立するために、現に今、闘っている。（結成された新党を、ゴチックの「**Y**」とした。）Ｘ内で闘う仲間は、上記と同様に、$y' = x'$ として自己を二重化して活動する。

さきに示した、直接には佐久間の対応上の限界は、［図―2］で示した分派闘争の組織論的考察の弱さに規定された即自性の、イデオロギー闘争における現れとして、今日的にはとらえ返すことができる。

（なお、われわれの闘いのこの局面をそれ自体としてとりだして考察するならば、「加入戦術」の論理を駆使して解明することができる。分派闘争の場合には、党Xの内部に創造された分派、そのメンバー$= x'$がどのように党Xの内部で闘い、党Xの再創造または革命的分裂をかちとる（⇓Y）のか、という問題となるが、加入戦術の場合には、党Xに外的に対立する党Yがその成員を党Xに加入させ、党Xをいかに換骨奪胎、もしくは解体止揚するか、という問題となる。この意味では、分派闘争は∧内⇓外∨、加入戦術は∧外⇓内∨という過程的構造をもつといえる。）

2　限界の根拠

①　党の現指導部の腐敗の深刻さについては、われわれはいやというほど思い知らされていた。にもかかわらず、われわれは理論闘争を深く広く推し進めるとともに、われわれ自身の現実的な優位性・優越性を組織的成果の面でも示すことをも通じて、「下からの闘い」をヨリ強く押し進めること以上のことを考えられなかった。「分派闘争」や新たな党の建設は、われわれ自身の力量からして非現実的であると観念していた。腐敗した現指導部の「粛清」攻撃がかけられるまで、いやかけられてもなお、その枠を超えられなかったといわざるをえない。われわれの多くは永らく「下部」成員として闘ってきた、そのキャリアの狭

さに制約された限界にしばられていたことを自覚しておかなければならない。このことが分派闘争に関する組織論的考察の欠如ないし遅れの現実的＝組織的根拠をなすと言える。

〔――このことは、同志松代の提案にもとづく×・××の転換に立脚して初めて言い得ていることであるが。〕

② この問題は同時に、われわれ自身が現指導部をいただく党をなお「黒田寛一がつくった党」として意識し、それへの幻想を残さざるをえなかったことと相即する。われわれは闘いの展望・指針を組織論的に考察することが弱かったのであり、このことは他面では、指導部の変革に一纏の望みを託す〔「そのうち、誰かは解ってくれるのではないか」というそれ〕、という限界にまとわりつかれることとなったのである。われわれは、現党指導部の腐敗については、基本的に認識していた〔それ自体の狭さ・浅さ等の限界については、別途論じなければならないが。〕とはいえ、われわれ自身が「党物神崇拝」に陥っていたとまではいえないにしても、闘いの展望を組織論的に考察することが弱いことに規定されて、われわれの闘いによって現指導部の中からの変化が生まれることに期待を残し、揺れ動かざるをえないこととなっていたのである。（かつて黒田が、第三次分裂をふりかえって、「われわれ自身が創りだした党を物神化する傾きがなかったとはいえない」とどこかで述べていたことを思い出す。われわれもまた「黒田が創った党」に、またわれわれすべてが己の人生を賭して創り守ってきた党に、そのような意識をもっていたと反省すべきである。そのような党が、もはや変質を遂げていることは、受け入れがたかったとも言える。だが、変質は厳然たる事実であることをわれわれも確認せざるをえなかった。）

われわれは、現指導部の官僚主義的排除攻撃との闘いを通じて、また同志松代の闘いに学ぶことをも通じて、現指導部そのものの腐敗に関しても認識を深めることをも基礎として、革命的転換をかちとったのである。

いま新党の建設に邁進せんとするわれわれは、われわれ自身の組織的主体性の確立を基礎とすべきこと——そのために今まで以上に切磋琢磨するのでなければならない。

追記

本来、わが革マル派は、「分派禁止」を原則にまで高めたスターリン主義者の官僚主義的組織論を否定し、党内思想闘争を活発に推進することをつうじて思想的＝組織的同一性の高度化をかちとってきた。組織内思想闘争は、わが革命的左翼の生命線をなしたのである。同志黒田の次の一文にそのことは明示されてきた。

前衛組織としての生々とした発展を保証する党内闘争は、しかし、たんなる理論闘争につきるわけではない。指導部と被指導部とのあいだの対立や矛盾は、それらのあいだの「相互浸透」だとか、相互批判と自己批判などだけで「解決」されたり「実現」されたりするわけではない。真実の革命的批判の実現は同時に組織的に物質化されなければならない。そのいみで、理論上の対立や戦略戦術上の相違にもとづいた革命的分派組織の結成と、これを実体的基礎とした分派闘争の展開が必然となる。指導部と被指導部との、あるいは下部組織のあいだの相互点検と相互批判をバネとし、理論上の対立点をつきだしながらも、革命的実践における統一を決して破壊しないところの分派組織を結成してたたかわれる党内闘争――これが是認されているか否かが、前衛党の革命性を度量するための**第五**のメルクマールである。(『組織論序説』二三四〜二三五頁)

だが、革マル派現指導部は、事実上、分派闘争を禁止した。彼らもさすがに理論的には、そのような立場を公然とは表明していない。しかし、ここ数年間にわたるわれわれ＝左翼反対派の、様々な現実的理論的諸問題をめぐる果敢な思想闘争――現指導部の腐敗を鋭くつきだしてきたそれ――を、彼らは忌避し、己の指導性の喪失・思想的変質・腐敗を隠蔽するために、陰に陽に思想闘争を抑圧してきたのであった。党指導部は、集団的自己保身を規定的動機として、「党指導部」のままで反「反対派」フラクションと化してきたと言っても過言ではない。(われわれが推進してきた思想闘争の数々、それに対して現指導部が行ってきた政治的スリヌケと思想闘争の抑圧の諸形態について、われわれは今後、具体的かつ徹底的に暴き出すであろう。)

そしてついに、常任・川韮の問題をめぐるわれわれの厳しい批判に直面した彼らは、いよいよ反対派の抹殺＝組織外への排除にうってでたのである。だが、それが『組織論序説』などに記された党内闘争の理論に反することは誰の目にも明白である。そのために、彼らは反対派の中心メンバーたる加治川や佐久間への個人攻撃を重ね、「排除」は「思想闘争」以前の問題であるとする必要があったのである。それが、グロテスクなまでの誹謗中傷に貫かれる本質である。加治川にたいしては、思考法が「ヘーゲル主義」であって「討論が成立しない」対象であると決めつけ、佐久間については「変革不能」な腐敗した人間である、などと歴史の偽造をもあえてしてまで決めつけて、である。

「黒田寛一の後継者」であったはずの「革共同革マル派」は、驚くべき変質を遂げた。反スターリン主義を放棄し、組織論においてもスターリニストと選ぶところのないところまで転落したのである。これこそ致命傷にほかならない。このことこそが、われわれ反対派が第四次分派闘争を決意し、今まさに断行しつつある所以である。

変質した「革マル派」を解体し、新たな反スターリン主義前衛党を建設しよう！

二〇一九年五月

現指導部の官僚主義的腐敗を弾劾し、反スターリン主義運動の再興をかちとろう！

革マル派現指導部の変質・腐敗はとどまるところを知らない。彼らは、二〇二〇年一二月の政治集会を機に、突如として「組織哲学」なるシンボルを打ち出した。――「われわれの組織哲学をつらぬこう！」と称して、「〈私が組織であり、組織が私である〉、このことを自覚するのみならず感覚にまで高めることにすべての同志が努力する。それが、わが組織を労働者階級の真の前衛党として打ち鍛えてゆくための絶対的基礎をなす。」（『新世紀』第三〇五号　三八頁）――というわけである。「組織哲学」なるものは、その後も紙誌上で繰り返し叫ばれている。ここに革マル派現指導部の面々の追い詰められた心境が赤裸々に映し出されているではないか。

そもそも同志黒田を先頭にしてわれわれが打ち鍛えてきた反スターリン主義の「組織論」ではなく、「組織哲学」なるものをことさらに打ち出したのは、なぜなのか。それは、彼ら現指導部が組織内思想闘争の官僚的抑圧と反対派の追放＝「分派の禁止」に象徴されるおのれの組織支配を、反スターリン主義の組織論によっては決して正当化し基礎づけることができないことを意識せざるをえないだけではなく、その真実が発覚することを何よりも恐れているからである。同時にまた、彼らの没理論的で官僚主義的な組織指導の結果として生みだされている現革マル派組織の空洞化と瓦解の進展に脅え、組織諸成員たちをつなぎとめるために躍起になっているからである。

このような行為は、組織内思想闘争なき、ア・プリオーリな「私＝組織、組織＝私」の妄想（結果解釈主義の終着駅というべき存在論主義的＝形而上学的観念）を植えつけ、刷り込み、組織諸成員を従順な「羊」として繋ぎとめ、支配し続けるための「シンボル操作」であり、彼らの組織支配の末期症状を緩和し隠蔽するための〝モルヒネ〟なのである。

「暗黒の世紀」とは決して「絶望の世紀」を意味しない。どん底の底が破れるとき、光まばゆい世界が開けるのであり」（『新世紀』第二九三号　六頁）などという宗教的呪文とともに、組織内思想闘争をつうじた主体的研鑽を没却して「私＝組織、組織＝私」などと唱えれば唱えるほどに、ますますもって革マル派組織そのものが〝阿片〟と〝モルヒネ〟に冒される。このような問題を自覚し、おのれの主体性を覚醒させえないかぎり、組織諸成員の主体性は破壊され、現革マル派の臨終は早まるであろう。

「黒田寛一の後継者」たるべき革マル派組織の現指導部による歪曲・破壊行為をわれわれは断じて許すわけにはいかない。われわれが同志黒田とともに、そして今は亡き同志たちとともに営々と築きあげてきた日本反スターリン主義運動の再興は、彼ら官僚指導部を打倒することぬきに決してなしえないのである。すべての反スターリン主義者はともに立ち上がろう！　これこそ全世界のプロレタリアートにたいするわれわれの責務である。

二〇二〇年二月

終わりに

プロレタリア的前衛党における組織内思想闘争は、自由に、かつ闊達に実現されるのでなければならない。「タテ・ヨコ・ナナメ」に縦横にくりひろげられなければならない。だが、いうまでもなく、そこに何らの基準も存在しないなどということはありえない。その思想闘争はあくまでもプロレタリア的倫理にもとづくものでなければならないのである。プロレタリアートの前衛に相応しい質と力をもった党の創造が根本的な目的だからである。このような理念に叛く行為は厳しく弾劾されなければならない。

言わずもがなの、このようなことをも没却し、おのれの政治主義的で不埒な「論争」行為が厳しく弾劾されることに、また不誠実というよりも不真面目というべき腐敗した行為にたいして一定の教育的措置が課せられることを、「思想闘争の封殺」「思想統制」「異論の排除」等々であるとみなして抗うのは、そうみなすものが前衛党における思想的組織的同一性の高度化をめざす革命的な思想闘争を忌避し、ブルジョア的アトミズムに転落・退行し、「個」の「意見」に立て籠もっていることを意味する。それはよくいってスターリン主義的な官僚的思想統制の裏返しであり、ブルジョア的な「思想信条の自由」の前衛党組織内へのもちこみを意味するもの以外のなにものでもない。このような問題を「意見の相違」に還元するのは明らかに錯誤である。

そのような自己主張は、共産主義的倫理とも前衛党建設とも無縁であることを自覚すべきなのである。

二〇二〇年六月一四日

〔図－1〕　党＝Xの構成

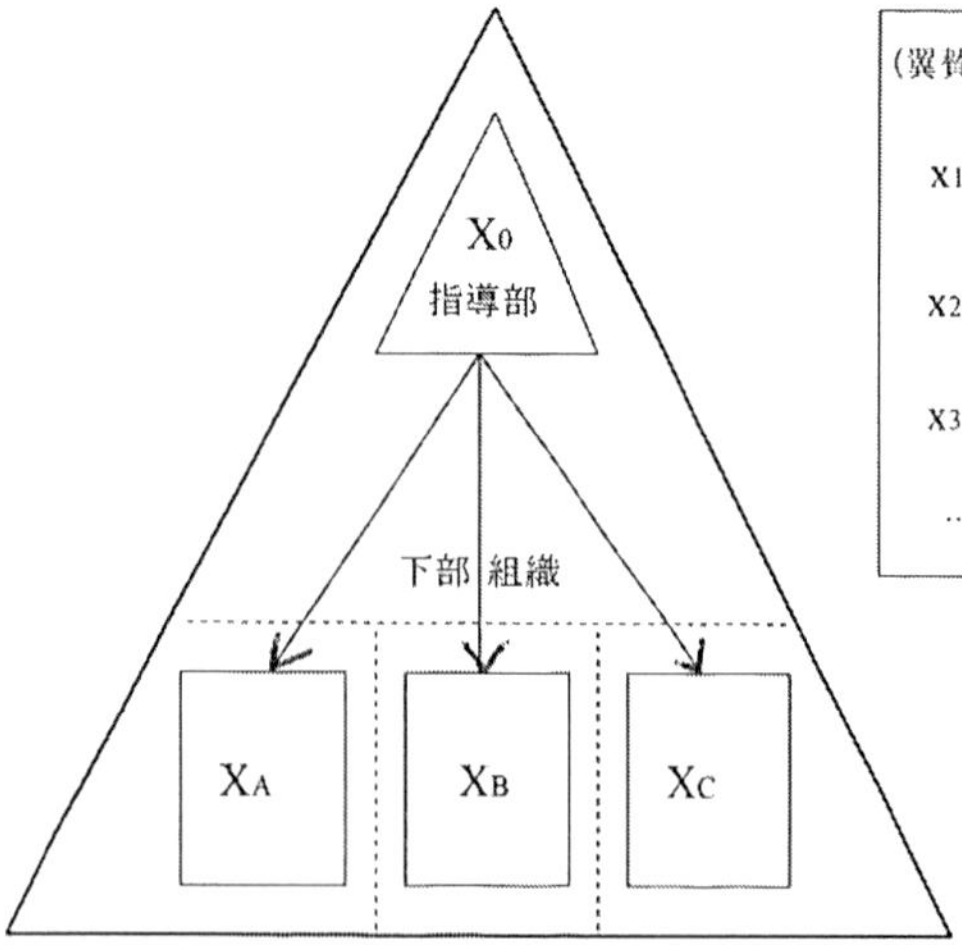

〔図－1・2〕　下部組織　X_A

（翼賛的成員）	（反対派成員）
x_1	x'_1
x_2	x'_2
x_3	x'_3
…	…

〔図－2〕

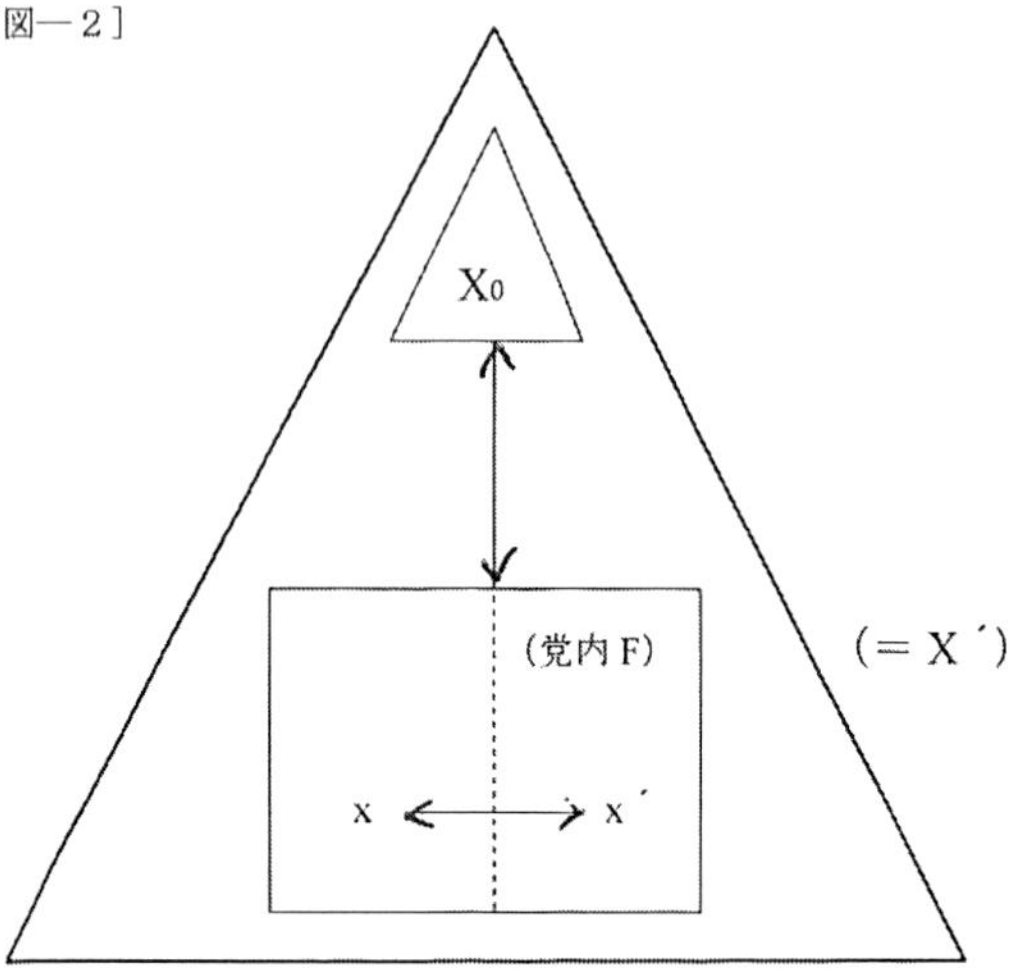

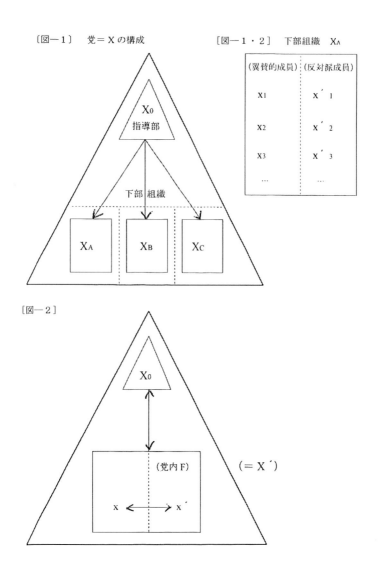

［図―3］

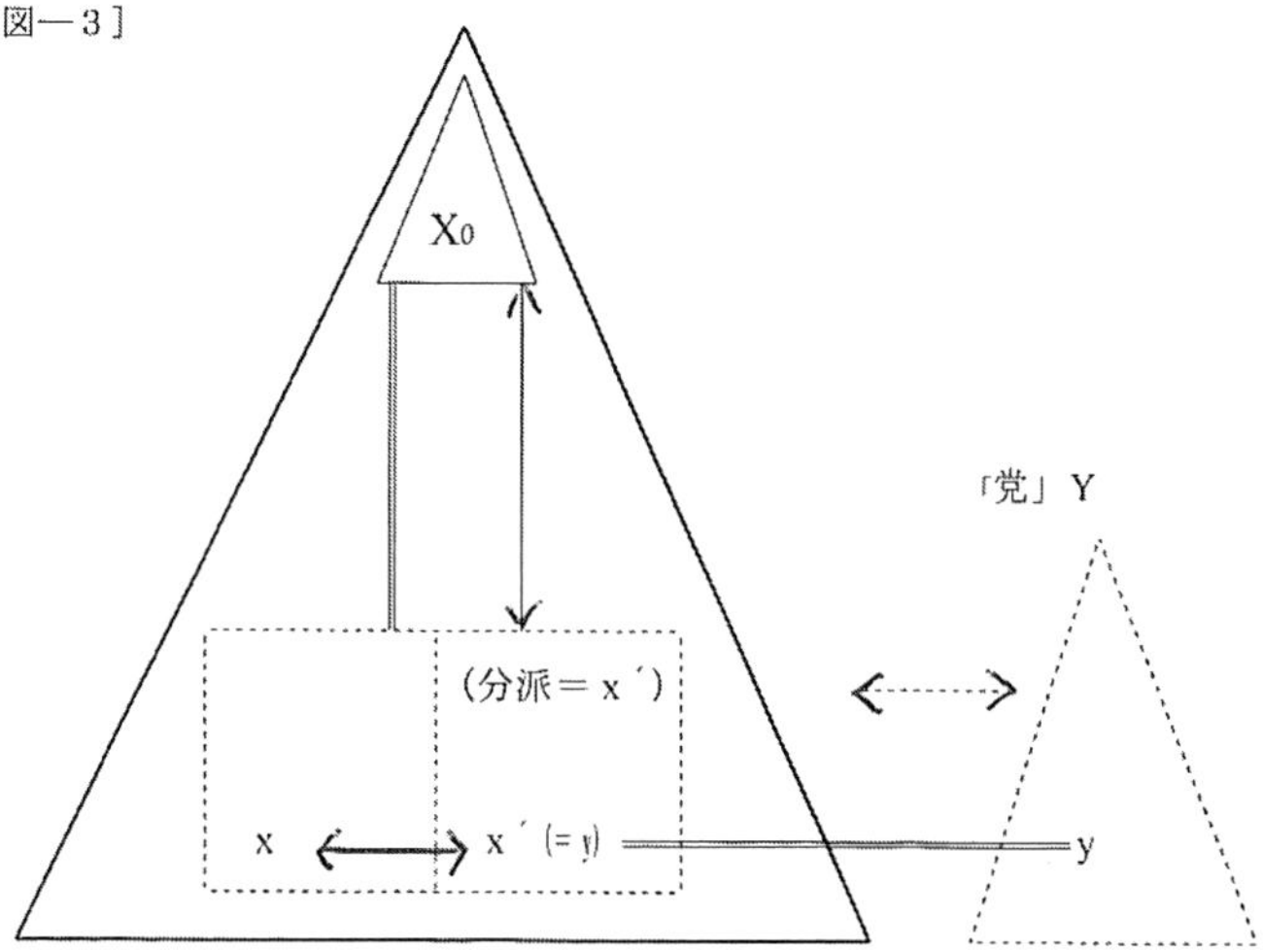

［図―4］

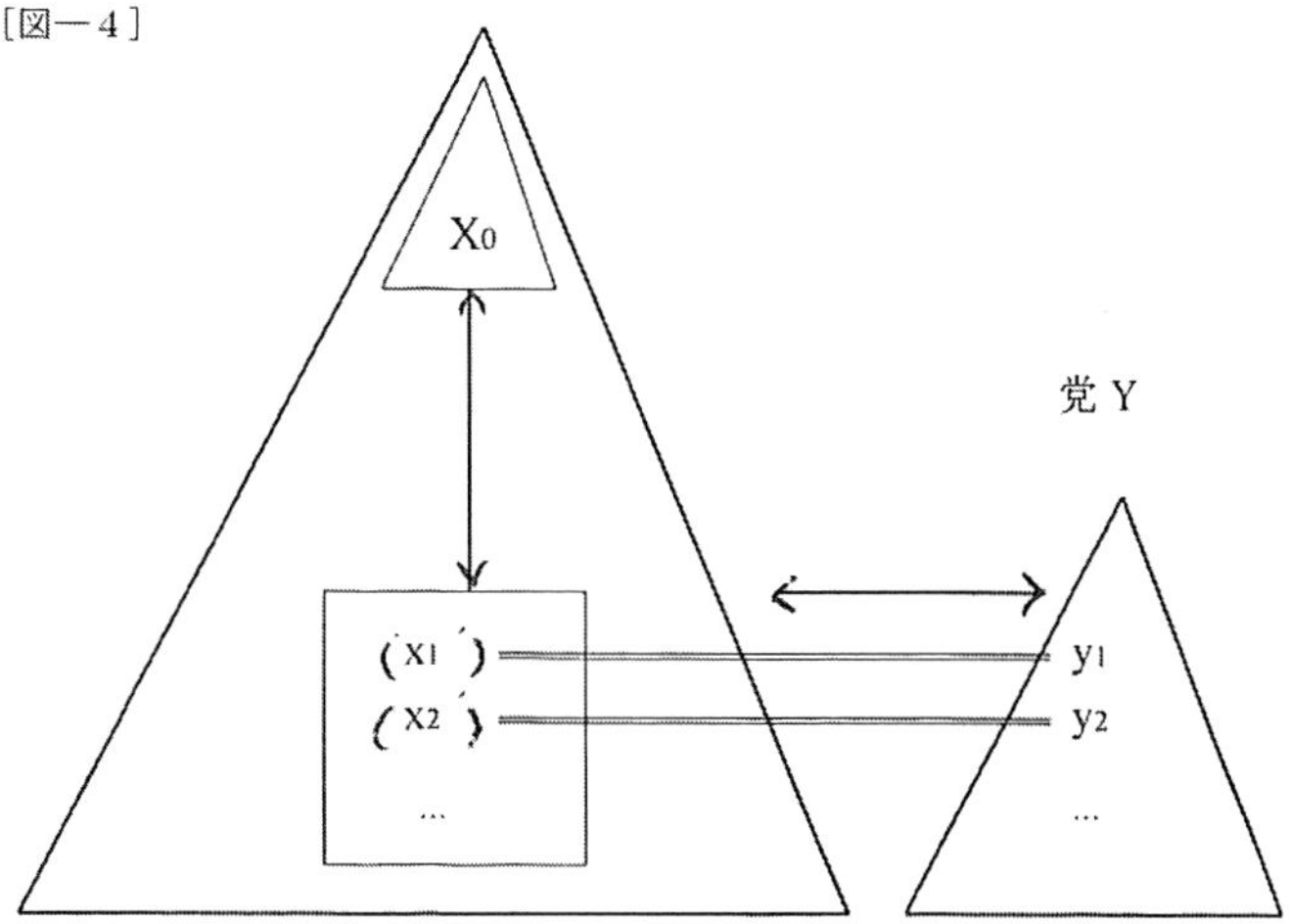

同志としての同一性を創造するために

松代秀樹

党組織そのものの創造と確立を

官僚化した現指導部を打倒し、反スターリン主義革命的前衛党を再創造していく出発点を、われわれは切り拓いた。私は、この闘いを一致団結しておしすすめていくことを決意する。

現指導部は仲間たちを組織から組織的に排除した。これが結節点をなす。われわれは、革マル派現指導部を打倒し・革マル派組織そのものを革命的に解体し、新たな反スターリン主義革命的前衛党を創造するのでなければならない。われわれは、日本の・全世界の・プロレタリア階級闘争に全責任をもたなければならない。

われわれは、いま起ちあがったすべてのメンバーをその構成員として、この前衛党組織を結成し確立すべきである、と私は考える。この全員を実体的基礎として、党中央指導部とそれぞれの産別における党細胞とを創造し確立すべきである、と私は考え、提案したい、とおもうのである。それぞれの産別における党細胞は、党産別指導部たる産別委員会として意義をもつ。われわれは、それぞれの産別においては、党細胞として意義をもつ産別委員会、産別委員会として意義をもつ党細胞、という組織形態を創造し確立しなければならない。

現在の、ほとんど未確立の党組織（党組織というと、常任メンバーとほんの一部のメンバーをさすことになる）―革命的フラクションという組織の構成は、現指導部によって、それぞれの革命的フラクションを分断するかたちでのその支配と、分断したうえでの仲間たちの組織からの排除として利用された。

現在の革命的フラクション組織は、運動づくりと組織づくりの接点の実体というその規定にふさわしいものというよりは、党の組織構成のなかの下部組織のようなものになっている。そうでありながら、運動＝組織論において解明されているところのフラクションとして規定され創造されている。（党大会は、そのつど、常任メンバーからなる党機関が、出席する労働者・学生メンバーを決定し指名する、というものであり、常任メンバーの組織問題を下す場となっていた。党細胞が確立されていないことに規定されて、党細胞からその代表が選出されてくる、というものではなかったのである。）ここに、問題が生じる。

もしも一つの党細胞において思想＝組織問題が発生したとするならば、この問題は党組織そのものの問題として、党組織の全体で討論され、組織的に解決されなければならない。この解決のために、党員たちはタテにもヨコにもナナメにも活発に思想闘争をくりひろげるのである。

ところが、フラクションは、それぞれの党組織がわれわれの組織戦術を大衆運動の場面に貫徹することをとおしてつくりだす組織形態の一つである。それは党組織そのものの構成部分をなすのではない。われわれ党組織とその成員が、いくつかのフラクションを統一的に指導し、そしてそのメンバーを党員へと鍛えあげていくために、Ｆ・ＬＣ＝フラクションリーダー会議（いままでは産別内で横断的におこなうＦ・Ｌ

C会議が一つの組織形態のようになっている）をもうけたり、フラクション代表者会議やフラクション合同会議（いまではF総＝フラクション総会とよばれることが多い）を開いたりするのである。

フラクションは、このように解明されているものであるにもかかわらず、現在では、党細胞が確立していないことに規定されて、現存の革命的フラクションが党細胞のようになっているのである。しかし、党細胞そのものではないがゆえに、産別党員総会を開いて全員の出席のもとに、発生した思想＝組織問題を討論しなければならない、ということにはならないし、フラクションのメンバーはその産別の他のフラクションのメンバーや他の産別のフラクションのメンバーと自由に討論することはできない、ということになっているのである。

今回の闘いにおいては、革マル派現指導部は、現状がこうなっていることを最大限に活用したのである。党指導部による官僚主義的支配をゆるすような党組織建設をのりこえていくためには、われわれは、党細胞を創造し確立することを基軸として、フラクションにかんしては、これを、われわれの組織戦術の大衆運動の場面への貫徹形態の一つというその規定にふさわしいものとして創造していくべきである、と私は考えるのである。

このゆえに、われわれは、われわれのすべてのメンバーが党員となることを場所的に決意し、党中央指導部とそのもとにある産別委員会＝党細胞、という構成をなすところの諸組織形態を組織し、この諸組織形態を組織形態として確立するためにおのれを思想的にも組織的にも人間的にもたかめていくべきである、と私は考えるのである。

Ⓑを確定するための論議を内部思想闘争の出発点および基軸とすべきこと

政治主義者からなる現指導部は、一・三〇の三人排除を強行するために、だから全国および全産別の組織成員をかためるために、今川問題にかんして事実を歪曲し、同志佐久間の罪状として現実を描きあげるとともに、同志佐久間の過去にかんして罪状暴露というかたちで・これまた過去のⒷ（物質的現実）をねじまげて・列挙した。政治主義者たちは、内部思想闘争を展開してきた相手を追放するためには、論争してきた諸問題にかんする物質的現実をねじまげて描きあげるのだ、ということをまざまざとしめした。われわれは、組織的に反省し切開すべき問題にかんしてのⒷをめぐる思想闘争がいかに重要であるのかを思い知らされ感じとった。

われわれは、新たな前衛党組織をどのように組織として確立していくのか、組織を組織として確立するための内部思想闘争をどのようにおしすすめていくべきなのか、というように考えるならば、生起した問題にかんしてのⒷを確定するための論議を、内部思想闘争の出発点・および・つねにそこにたちかえるべきものとすべきである、と私は考える。

私自身、Ⓑの確定をめぐって苦しんだ。私の組織指導が問われ、批判をうけとめて反省を提起したときに、私には私の現実とはどうしても把握できないことが私の現実（私が指導して労働者同志やマル学同メンバーが実践した現実＝実践そのもの）として、同志たちからつきだされ、その事実認識にもとづく批判がなされ、私はいかんともしがたい思いにおちいった。「私の指導がおかしいということはうけとめるけれども、労働者同志（あるいはマル学同メンバー）がやった実践はここがこういうようにちがうんですが」と私が言うと、同志たちから「反省をひっくりかえすのか」と批判された。またⒷについての私の認識（私の認識にもとづくⒷの再生産）にもとづいて反省を書いていくと「反省をひっくりかえしているじゃないか」と同志たちから批判された。Ⓑについては抽象的にふれて自分の反省だけを提起する反省文を書くのと、Ⓑの再生産の違いをも提起して反省文を書くのとのジグザグを私はくりかえしていた（二〇〇四〜二〇〇八年）のであったが、ついに二〇一一年に、Ⓑの再生産にかんしてはっきりさせる、と私は決意した。その文書のやりとりのなかで、マル学同出身の労働者同志が書いた「解放」掲載の小論文には「運動づくりと組織づくりの弁証法」などという文言はないではないか、と古島が書いてきた（彼女は「解放」小論文を二つ書いているのでそれにもとづいて彼女と論議してほしい、と私がずっと要請していたにもかかわらず）ことにたいして、もう一つの論文に書いてある、ということを、私はそのコピーをもってしめした。これをもって、古島はピタッと返答文＝批判文をよこさなくなった。このようなかたちで論議打ち切り（そう宣告することなく）となったのである。労学両戦線の指導にかんして私を批判した相手の中心は、当初はいまは好々爺となっているような人たちであったが、この最終局面は古島であった。

「わたしをそのように（運動づくりと組織づくりの弁証法を否定している、と）批判するのはまだいいが、労働者同志やマル学同メンバーの実践のⒷをそのように（運動づくりと組織づくりの弁証法を否定した・ただ個別オルグだけをやっているという・像として）再生産して彼らを批判するのはやめてほしい。そんなことをすれば彼らはつぶれてしまう。彼らの実践のⒷを・彼らに聞いて・再生産したうえでその問題性を批判してほしい」、と私は、私に代わってその任についた常任メンバーらに要請していたのであったが、ダメであった。彼らは、自分を超える・労働者同志たちやマル学同メンバーたちの創意ある豊かな闘いを想像することもつかみとることもできなかったのである。労働者同志たちやマル学同メンバーたちの闘いには、私が指導したことにもとづくゆがみが刻印されているとしても、その闘いは創意的なものなのであり、そこから教訓がみちびきだされなければならないのである。

私への批判者たちが、労働者同志たちの実践のⒷの再生産を・変な像をつくるというかたちでおこなうのをそのままにしたうえで、そこにふれるのを避けて、私の自己批判だけを文章として書いていくことはできない、と私は決断し、彼らのその再生産の誤りを、印刷された文言というかたちで（「ない」というのにたいして、このようにあるじゃないか、と）しめしたとたんに、なしのつぶてになった（私の点検にくるメンバーが常任指導部のメンバーの文書も伝言も何ももってこなくなった）のである。これをもって、私は組織的意味では追放（二〇〇八年に次ぐ二度目の追放）となった。生活を点検されるだけの人間となったのである。

このゆえに、私は、イデオロギー的＝組織的闘いをおしすすめる（外から内へ）ために本をだす、という仕事に専念することにしたのである。

また、組織内で同志間の対立が発生したときに、この問題を解決するためには、対立した双方の同志たちから話（Ⓑの再生産）をきかなければならない、ということは、同志黒田がつとに強調してきたことであったが、私の後任者によってはそれはまもられなかった。彼は私に反発したメンバーからのみ事情聴取した。現に職場や大学自治会の場で実践したその人からさえも話を聞かなかった。私への批判文書のなかに、先の「マル学同出身の女性労働者メンバーが「前任の常任指導者〔＝松代〕が学生出身者を低賃金の介護職場に就職させるというように悲惨な目にあわせた、とこの会議で〔後任の常任指導者であるあなたが〕言われましたけれども、それは私なんです。私のこの闘いも否定されるんでしょうか」、と言ってきたので、その闘いについて聞き、それは意義がある、と論議した。」という記述があった。このことからすると、筆者は、私が悲惨な目にあわせた、と自分が判断した本人と論議しないで、私へのその批判を当該産別の革命的フラクションの総会で提起した、ということになるので、そうなのかを問い合わせたのであったが、返答はなかった。彼女はもう一つ大きな闘いをやったあと看護師になるといって職場を辞め、その後ついにダウンした。その責任は私の指導――彼女の就職の指導と学生戦線への私の指導――にある、と私は批判された。私は、右記の指導こそが問題である、と思い、現実の再生産を要請したのであったが、その返答はなかった。

🄱を再生産しないことには、この問題を解明することはできないのである。

さらに、私はいろいろな問題をひきおこした同志たちと論議してきた。そのメンバーに、自己否定の立場にたつことをうながし、そのメンバーがその立場にたつことを意志して、自分がおこなったことのすべてをしゃべったときに、そのメンバーの顔がパッと明るくなった。私はこのとき、このメンバーは自己をつくりかえる立場にたった、その出発点にたった、と感じたのであった。彼を変革するためには、彼がここで明らかにした🄱の再生産を基礎にすることがどうしても必要である、と私はそのときに考えたし、いまそう考えるのである。

たしかに、いろんな問題がからみあいグチャグチャになってしまっていて、一つの問題を設定しその🄱を再生産する、ということができないメンバーもいた。そのメンバーは、ある瞬間に顔がパッと晴れる、というわけにはいかなかった。それでも、グチャグチャになっている問題を一つ一つほぐしていく必要があったのである。

以上のような私自身の経験をもとにして、Ⓑを確定するための論議を、われわれの組織を組織として確立していくための内部思想闘争の出発点および基軸とすべきである、と私は考えるのである。

二〇一九年二月二三日

粛清と延命——組織指導部の変質

黒江龍行

〔以下に掲載する文章は、二〇一八年一〇月におこなわれたCフラクション会議の直後に、私が執筆したものである。私が本レポートを執筆することを決めたのは、私が奥島文書（「常任にあるまじき川韮発言をめぐる組織内思想闘争の教訓」——以下「奥島文書」と略称する——奥島が執筆し中央労働者組織委員会が承認したと自称している）を、それが提出された八月以来、加治川、佐久間とともに執拗に批判していたことにたいして、一〇月Cフラクション会議で、錠田らが逆に、われわれの批判を封じる姿勢を鮮明にしはじめたからであった。錠田らは「川韮は生きた思想が唯物（タダモノ）論である」と断罪しはじめた。このような錠田の言いぐさは、三・三一合同フラクション総括会議において川韮が黒島を罵倒した根拠を川韮その人の個別的思想問題にきり縮めようとするものであり、川韮が暴言を吐いた組織的根拠を隠蔽するためのものである、このことをわれわれが執拗に批判したのであった。まさしく錠田ら革マル派現指導部が反加治川の政治主義的画策をおこなってきたこと、これをつきだす方向へとわれわれは批判していった。しかし、錠田が、奥島レポートを執拗に批判した私にたいして、むしろ私からする批判を封殺するための恫喝的姿勢をしめしたのが一〇月C会議であった。この恫喝的姿勢をまのあたりにして私は、錠田ら現指導部が川韮問題をめぐって内部思想闘争をまともにおこなう意志などないことを自覚した。彼らはむしろ官僚主義的自己保身にかられて、われわれの批判を政治的に封殺する姿勢を鮮明にした、と私は判断した。それゆえに、この一〇月C会議までは現最高指導部の古島らの組織指導を批判することを意識的に控えてきたこと、このことをわれわれは転換し、川韮が暴言を吐くにいたったことや川韮自身が組織成員として自己崩壊している組織的根拠は、古島らによる組織指導の歪みにこそあるのだ、と抉りだし古島らに自己批判を迫らねばならない、そのような意図のもとに黒江が執筆し一二・二六Cフラクション会議に提出したのが以下の文章である。」

一　「常任にあるまじき川韮発言をめぐる組織内思想闘争の教訓」への私の疑問

私をふくめCフラクションの同志たちは五月Cフラクション会議以降、川韮問題をめぐって真摯に論議してきた。私が七月Cフラクション会議に川韮批判の文書を提出したのは川韮になんとしても組織成員として再生してもらいたいからであるだけではなく、われわれは川韮とさまざまな内部論議をやってきたとはいえ、今回の川韮の悲惨な実情が露呈するまで、われわれの力で彼を変革できなかったことは、なんとしても痛苦であったからだ。黒島が「カドへリンの角はどうした！」とパートナーから批判され、痛恨のおもいをいだきながら、三・三一の場で川韮になんら疑問さえもたないどころか、川韮の暴言を積極的な指摘として肯定的に評価さえしていた労働者同志達さえいたその主体性喪失を打破するのだという悲壮な決意をかためながら、川韮ら指導部を批判している姿に私は心をうたれた。だから、黒島にこたえるのだというように私もまた決意をかため、奥島・錠田ら指導的同志たちと論議してきたのである。彼ら指導的同志たちは川韮の崩壊をみずからがうみだした事態として主体的＝組織的にうけとめ、川韮の惨状をうみだした組織的根拠を真摯にえぐりだし、自己の限界をも反省し、新たな地平で再出発しようとするはずだ、という希望をそのとき私はまだもっていたからである。

「内容の話をやるんですか！」と錠田が気色ばんだのはなぜか？

私は一〇月Cフラクション会議でつぎのように言った。私の言い方が、錠田らにはわかりにくかったかも知れないけれども。奥島は「転回」を述べた文書（「わたしは、五・二〇C会議の論議をうけてどのように転回したのか」と題した奥島執筆メモ。二〇一八・一〇）を今提出している。私には唐突に感じられる。なぜなら、こうした文書を奥島が提出しているのは、九月のCフラクション会議でみずからがおこなった論議がまずかったと奥島自身が反省しているからだと思えるのだが、当の奥島自身は何の反省も語らないからだ。私は九月のC会議で奥島に「奥島文書の（２）は結果解釈だ」と批判した。しかし、そのとき奥島は私にたいして「結果解釈だと言っている自分をどう思うんだ！」と語気強く迫った。このような態度を奥島がとるようでは、奥島文書の（２）があらかじめ正しいかのように総括者たる奥島自身が決めつけているものでしかない。だから、私は一〇月のC会議の場で奥島が「転回」文書を出すのならば、まず、なすべきことは、九月のC会議で奥島自身がとった態度がおかしかったと反省を語ることではないか、このように私は奥島を批判しようとしたのであった。ところが、私がこのように話している途中で、私の発言を遮りながら次のように錠田は言ったのであった。錠田は私にたいして「(奥島文書について) 内容の話をするんですか？　するんならやりましょうか？　いいんですよ」と気色ばんだ。〝そっち（黒江）がやるって言うのなら、いつでもやってやるよ〟とでもいうような、挑発的で半ば恫喝的なトーンを感じた。加治川が「錠田さん。今の言い方は怖いよ」と錠田をいさめたほどに露骨な切り返しだった。このことは、錠田自身がもっともよく自覚していることであろう。

九月C会議では佐久間、加治川、山崎、黒島、そして私、会議に出席していたほとんどの同志が、奥島文書の（3）では奥島の反省は述べられていない、しかも一体奥島はだれのどのような発言を受けてみずからの限界を直観したのか何も語らない、それを明らかにしてくれ、と求めた。ところがわれわれの求めにたいして、錠田はこの奥島の総括（2）で川韮問題の「問題性」「主体的根拠」を書いている、これが書けるのは奥島が総括を書いているその背後で反省しているからだ、奥島自身が反省していなければ（2）は書けない、と主張した。さらに奥島が（2）を書く場合に適用しているのは『革マル派の五〇年』所収の『過去からの訣別』で述べられている論理だ、ということを錠田は繰り返し対置した。この錠田の反論は、われわれの次のような批判をけとばすものでしかない。すなわち、奥島文書の（3）で「〇〇地区労働者組織CAPとしての私の反省」と題されてはいるが、奥島自身の反省自体は何も書かれていない、かつ、奥島は対象化していないが反省をしていると言うのなら、それをいまここで語ってくれ、とわれわれは批判してきたのだからである。奥島は五・二〇C会議にのぞんだ際には川韮の暴言問題をせいぜい「不適切」

（奥島の言）と考えていたにすぎず、すでに川韮が四・一五の「□□」運動対策会議で「自己批判」することによって、けじめをつけていると考えていたのが奥島であったことは五・二〇C会議の場であきらかになった事実であった。だから、なおのこと、この川韮がすでにけじめをつけていたと奥島が考えていた五・二〇C会議以降に、いったい奥島はだれのどういう批判によって自己否定的に感覚するようになったのか、それを言ってくれ、とわれわれは求めたわけである。だからして、さきのように「背後に奥島の反省はあるのだ」と錠田がわれわれに対置することは、このようなわれわれの求めを、当の奥島自身になりかわって錠田がけとばすものにほかならない。それは、黒江たちの奥島への「批判はあたらない」と拒否している、という意味をもつのである。しかも奥島文書の（3）に書いていなくとも（2）の「背後」に奥島の反省はあるのだ！　それを捉えることができないのは、あなたがたの思惟力が弱いからだ、とさえ錠田が言っているように私には聞こえる。驚くべき反論ではないだろうか。これが九月のC会議である。そのことを今われわれがふりかえるならば、どうか。一〇月に奥島が「転回」文書を提出したのは、少なくとも九月のC会議で自分たちは開き直りに終始してしまったという痛苦な感覚を奥島自身がいだいたからなのかな、と私は思った。だから、奥島の反省を私は聞きたかったわけである。しかし、私の期待は裏切られた。なぜなら、錠田は「（黒江たちが）出せというから、今回、文書（『転回』奥島メモ）を出したが、（2）の内容についてやるんですか？　やりましょうか！」とわれわれは錠田によって開きなおられ唖然としたのだからである。

一体、これが本当に革マル派の指導的メンバーのとる態度なのか。私は錠田は少しは頭を冷やしたらどうかと思い、「組織成員どうしの内部論議とは思えないが」と錠田に言ったわけだ。しかし、この私の訴えも一向に錠田にうけとめられた気配がない。このようなわが組織の現在的状況を、私は危機だと思う。だから私はこの危機におちいっている組織を変革するために、奥島が提起しWOB(中央労働者組織委員会)において組織的に承認されたと自称している総括(奥島文書)や、これにたいするCフラクションの仲間たちからの批判を撥ねつけつづける、錠田、奥島らにたいして、私は以下批判する。これは私の叫びである。

奥島文書の(2)を検討する

錠田は、とにかく(2)の内容が正しい、と言う。この内容は、川韮問題の「問題性」「主体的根拠」を奥島が執筆し組織的に承認した正しい総括である、と錠田は高飛車に言っている。しかしそれでいいのか。

奥島は言う。

「(2) 常任としての同志川韮発言の問題性

合同労働者組織会議・分科会での「白山は小ブルだから」という川韮の発言。「川野は年金生活者だ。黒島は現役の労働者といっても背広を着ているだろ。(白山は)そういうのに惹かれてきたんだろ」という暴言。川韮のこのような発言は、〃インテリの白山がインテリ的な雰囲気に魅かれてきたのであり、革マル派のことはインテリの趣味の一つ〃と言っているにひとしい。黒島の怒りはここにある。川韮のかの言辞は、この黒島の苦闘を、そしてこれにこたえた白山の自己変革のための内的苦闘をもろともに踏みにじる許しがたいものである。□□運動班の長年の組織的闘いの集約であるものをぶち壊すものという意味で許されない。しかし、問題はこのような暴言を常任メンバーがおこなったということにある。このような発言がなされてしまう主体的根拠は次の点にある。

1、川韮はオルグ主体たる黒島の於いてある実践の場に入ってともに分析していくという立場が欠落していることである。

2、思想的には、〝白山はインテリ〟などというように社会的人間の意識をその存在形態・出身階層に還元してとらえるというスターリニストと同様の「唯――物――論」に陥没している。それゆえに、革マル派の主体性論を放擲してしまうのである。

3、思考法としては、「思いつき」から現実を解釈する「自分の意識に映じたものを実在化し現実を解釈するという亜フェノミナリズム」に転落していることの証左である。

4、「白山にグレープはどう見られているか」という問題設定自体がくるっている。まったく非革マル派的発想である。常任としての川韮は組織現実論を適用してとらえ返すという意識性さえなくなっている。

分科会座長の綾島が「早急に革命への決意を促すために白山のばねを分析すること」と課題設定をした。その直後に川韮は先に述べたような暴言をおこなったのである。これは綾島の課題設定に水をぶっかけるもので論議の破壊である。常任としては無責任極まりない態度である。

今の川韮はわが革マル派の組織論、組織現実論とは無縁の存在に転落していると言うしかない。」

（奥島文書）

これをみてまず私が思うのは、奥島が執筆したこの『教訓』について、二〇一八年の六、七、八月のC

フラクション会議でCフラクションの仲間たちが執拗に指摘し疑問を述べ論議してきた問題がスッポリ抜け落ちているのはなぜだ？　ということである。その問題とは、第一に、川韮が暴言を吐いたのは、合同労働者組織会議・分科会の具体的な場のどのような特殊性に問題意識が働いたからなのか、という問題であった。第二には、川韮が暴言を吐き破綻したことを歴史的に反省するならば、川韮の変質の区切りはいつの何であるのか、という問題であった。これらの問題をめぐっておこなったCフラクション会議の論議を奥島、錠田らは歯牙にもかけていないのか、触れたくないのか？　以下、下向的に述べる。素直に考えればおのずと私の意見は浮かびあがってくると考える。

川韮の発言は次のようなものであった。「白山は小ブルインテリ、いろいろ趣味とかある。〔「解放」を読み学習会で学びカンパをし闘争に参加しているのは〕そういうものの一つなんだよ。」「野山は年金生活者、年金生活者以外の人は。山野は予備校の講師だろ。（黒島が「私は現役の労働者ですけど」と言うと）そうはいっても背広着てるんだろ。そういうのに惹かれてきたんだろ」。これらの川韮の発言は刻みつけねばならない言辞であるから、何度でも確認したい。

「主体的根拠」？　隠ぺいのためにする解釈

さてこの川韮の暴言について、奥島は「このような発言がなされてしまう主体的根拠は次の点にある」と述べる。「川韮はオルグ主体たる黒島のおいてある実践の場に入ってともに分析していくという立場が欠落していることである。」「現場で苦闘している労働者同志から浮き上がった存在になってしまっている。」「白山の主体的内面に迫るという問題意識が川韮には一〇〇％欠落している。」「革マル派の主体性論を適用してオルグ対象の白山の立場におのれの身をうつしいれて主体的に分析するという方法を川韮は完全になげすてているのだ」、と奥島は〝力を込めて〟書いている。「同志の立場にわが身を移し入れて主体的分析をすべきだ」、と奥島は言う。

川韮がなぜこういう暴言を吐くにいたったのかは、様々な観点から反省されなければならないが、まずはどういう場でどうつまずいたのかが分析されねばならない。川韮があの場で奥島が指摘しているような主体的現実になぜ陥ったのかを合同労働者組織会議・分科会という場を措定しつつ問題にしなければ、結果的な解釈になる、と私は思うのである。

川韮はこれまで三〇年間党常任を担い、「最高指導部」（錠田）のメンバーとして組織を指導してきた。四半世紀前には土井を支えて「資本との対決」主義とでもいうべき偏向に転落し労働者組織を破壊した。そのような過去の痛苦な反省のうえに四半世紀ものあいだ組織実践をしてきたはずではないのか。そのような川韮にとってはイロハ的な、常任でなくても私も含めてすべての同志に問われていること、すなわち、他の同志の実践をわがものとして受けとめ、ともに指針を解明し組織的に実践を遂行するということを、川韮は知らなかったのか？　あるいは、問われたことがなかったのか？　一体なぜ右のような発言をたたみかけるように川韮は言ったのか？　このように私は疑問をいだくのである。だからして、三・三一合同労働者組織会議の分科会の場の状況とは川韮にとっていかなるものであったのか、そしてどういう感覚に突きうごかされて、黒島への暴言の数々を「パッと思いついた」（錠田は、川韮は「パッとおもいついたのだ」としきりに言うのである）のかを、川韮の立場にわが身を移しいれて主体的に分析するのでなければならない。彼の発言はいかなる質であり、暴言を吐くに至った組織的根拠はなにか。組織的根拠にかんしては、場所的にこの〇〇地区労働者組織の指導をどういう内実で川韮ら指導部がおこなおうとしてきたのかを分析するべきである。

またこの川韮のデタラメな〝指導〟を歴史的に反省するならば、川韮の変質の区切りは何であるのか、ということが問題となる。川韮は土井路線の中心的担い手として組織を破壊に導いた己への痛苦な反省にたって再出発したはずなのである。にもかかわらず、その反省を一切否定し忘却してしまったかのような暴言を今回川韮がおこなったのはなぜなのか？　今回川韮が崩れたのは、土井路線を先頭で担った己を自己批判して以降のどこかの時点での、新たな、何らかの組織実践を組織的根拠としていると推論することができる。川韮の崩壊のこの組織的根拠を歴史的にも反省し抉り出すことをわれわれは決して避けてはならない、と私は考える。

まさしくそのように川韮の三・三一合同労働者組織会議・分科会での発言を反省していくべきだということをこそ、六、七、八月Cフラクション会議でわれわれは論議してきたのではなかったか？　私はそう考えている。だからして、以下はまず、奥島総括で奥島・錠田が決して触れようとしない問題を私は考える。川韮がなぜあのような、それ自体が暴言だということが明らかな言辞を、分科会で黒島にあびせかけたのか。このなぜ？を考える。

暴言の動機

錠田は川韮を思想的には「唯——物——論」だと言っている。思想的にはスターリニストと同様に変質している、という。そうだとするならば、彼を「最高指導部」に頂いてきたのだから、この指導部とは一体どうなっているのか、と根本的に問わなければならないはずである。しかし、錠田らは川韮個人の問題としてしか反省しようとしない。これに私は納得がいかない。私が、三・三一合同労働者組織会議・分科会という具体的な場の特殊性をおいて具体的にあきらかにすべきだ、と言ったことにたいして、錠田は、いやそもそも川韮は「タダモノ論」に思想的に転落していたのだ、と説明する。ところが、□□問題運動対策会議メンバーから会議で「組織がおかしくなっているのではないのか?」と問われた際には「心外だ!」と錠田は跳ね返したのである。錠田は、川韮は「ぱっと思いついたのです。他に本当に何もないようなのです。(それほどオカシイのだ)」と断定する。仮りにそうであるならば、党組織の根本的問題となる。しかし、そういう反省がなされているわけでもない。

第一に、なぜ川韮が暴言を吐くに到ったのか。かれの発言を、他ならぬ三・三一合同労働者組織会議・分科会の場が川韮にとって如何なる場であったのか、ということとの関係において分析する。

第二に、川韮が三・三一合同労働者組織会議・分科会で暴言を吐くに到った歴史的根拠は、いつの・どのようなものなのか。

以上の観点から考えたい。奥島の(2)の切開の内容は結果的には妥当しないとは思わないが、あまりにも結果的、抽象的である。そうなってしまうのは、今のべた二つの観点から反省することを奥島ら指導部がやっていないからだ、と私は考える。このことは、すでにこれまでのCフラクション会議の場で何度もCフラクションメンバーによって指摘されたことである。

私が考えることを以下で展開したい。

川韮が、黒島が提起したレポートを見て、黒島は「つんのめっている」とみなし、黒島が白山オルグの意義として肯定的におしだしているところのものは、評価などできない、黒島のとらえ方は観念的だ、と否定したのである。しかし、一体黒島のレポートや発言の中に、川韮がそれほど否定的にうけとめることがらはあるのか、と私は思った。私は黒島の三・三一合同労働者組織会議・分科会レポートを何度も読み返した。何度読んでも黒島が白山を思想的に変革するために必死の姿勢でのぞんでいることや心のこもった渾身の息遣いが伝わってくる。これは凄いと思った。そして白山もまたわれわれがおこなった・国家権力による謀略の真相暴露をうけとめ「警察を私は信じません」と言い切ったことも浮かびあがり、白山がスターリン主義をのりこえてゆくべきという立場にも共鳴しつつある様も浮かび上がる。私は黒島にたいしてうらやましいとさえ感じたぐらいだ。川韮が罵倒したように白山のオルグを否定することは、黒島の報告から想像される彼の実践からはあまりにも乖離している、と私は感じる。では一体なぜ、川韮はこれを否定したくなったのか？　こう考えたとき、黒島レポートの一一頁が私の目に飛びこんできた。そこには次のように書かれてあった。

「注　加治川より詳しく展開するようにと指摘されたので、書き加えます。またここは白山オルグの出発点をなす重要な論議なので、できるだけ詳しく再生産します。」

黒島がこのレポートで再生産している・白山をオルグするための論議とは、白山が社会主義の理念、イメージを何とかつかもうとし、そして、黒島がスターリン主義の裏切りとその意味について、白山に自覚を促そうとしている論議だ。黒島が白山をオルグしている過程が具体的に書かれている。たしかに加治川の黒島への意見は的確なものである、と私は思った。そして、ここに、黒島が加治川からの同志的な意見、助言にたいして感謝していることがにじみ出ている。実に胸を打つものがある。なぜなら、黒島が渾身のオルグを通じて獲得した教訓を、加治川にせよ、黒島にせよ、全国の同志になんとかして伝え、皆が苦労しているであろうオルグに生かしてもらいたい、という気持ちをみなぎらせている、と感じられるからである。しかし、このことが川韮にとってはむしろ逆に非合理的な心情を掻き立てられるものとなったのであろう、ということが推察できるのだ。なんとも悔しいことに。このことは、黒島が七・一五文書で明らかにした事実によっても裏付けられる。

「四・二〇の私との個別論議で川韮、奥島は、「加治川との闘争に協力してくれ」「加治川はヘーゲル主義だ」「藁島レポートにあるように反組織的だ」と言い、彼らから三種類の内部文書を手渡された。私は、川韮、奥島がこのような組織内闘争をいつ開始すると決意したのか知らないので、判断できない点もあるが、合同労働者組織会議での川韮の発言を規定する動機に関係があるように思う。」(七・一五黒島文書より)

一体、川韮，奥島は何をしているのであるか。私達Cフラクションのメンバーの知らないかたちで、ある一定のメンバーが黒島を呼び出して加治川への非難(その内容は誹謗中傷に近い)をやっていたのである。彼らは「加治川と対決してくれ」とわざわざ密かに個別に黒島に依頼していた。これは極めて政治的ではないか。私はこのことを知り憤りを感じた。四月二〇日に到ってもこんなことをしてまで「加治川との闘いに協力してくれ」といっている川韮。のちにこのようなことまでする川韮であるならば、三・三一の合同労働者組織会議・分科会の場で黒島のレポートをよみ、そこで黒島が加治川を信頼し同志的な助言にこたえていることを目の当たりにして、快くなかったに違いないことは明らかだ、と私は考える。

黒島は言う。

「私にとっての「榆闘争からの加治川の疎外」という事実は、奥島が機関紙配布会議を解散したあとに私や月山ほか数名を別の茶店に集合させて（当然、加治川は居ない＝反論の機会がない）、「加治川はかばわなかった」「同志とは思えない」と「夏山文書」と同質の反加治川フラクション（民同同然のような根回し）を行った。」（九・二一黒島文書より）

川韮は黒島が批判しているように「反加治川フラクション」「加治川との闘争」のために民同と見まごうばかりの政治主義的な要請を繰り返してきたのである。この川韮が三・三一の分科会の場で黒島が加治川と同志的な信頼をきずきあげていることを感じて、焦りも何も感じないはずがなかろう。

しかも合同労働者組織会議に先立つ二月Cフラクション会議では加治川のみならず佐久間から「白山のオルグは重要な教訓だ。こういうのはもっと自画自賛していいんだ」と同志的な共感を黒島は得ていた。だが、ただ、奥島は「黒島一人でやったわけじゃないんだよなぁ」とひとり否定的に呟いていた。このことからして、奥島によって佐久間の先の発言もまた川韮につたえられていたと推測するのが自然であろう。また、二月Cフラクション会議で黒島は「解放」新年号の「底が抜けたら、光まばゆい世界が開かれる」という叙述にたいする厳しい批判を奥島に提出していた。黒島のパートナーもまたこの客観主義丸出しの叙述を批判していた。（川韮は、このパートナーから「解放」新年号にたいして批判がだされていたことは知っていたのかと佐久間から質されて、「それは聞いていた」と六月C会議においてこたえている。）奥島、錠田によってこの黒島のパートナーによる批判が川韮にどこまで正確に伝えられていたかは定かではないが、これも黒島への立ち向かい方に影を落としていると思う。こうした場の特殊性をおいて川韮の発言をとらえるべきだと私は考える。

しかし、錠田、奥島の「三・三一分科会の場で川韮は、他になにも考えていない。何もないんです。ぱっとおもいついたようです。」（八月Cフラクション会議）と言う。こんなことは考えられない。川韮が、そこまで脳天気で、何の現実的なキッカケもなく、暴言をはいたのだとするならば、つまり錠田が言うような思想的に「唯――物――論」ゆえの暴言とするなら、すなわち「革マル派最高指導部」の一員がスターリニスト同然の思想に転落しているということが事実であれば、このことは、よりいっそう深刻な問題であろう。しかし、錠田ら常任や指導部は右で論じてきたようなことに蓋をし、意図的にふれないようにしているのではないか、と私には思えてならない。奥島文書で奥島が、私がいま述べてきた川韮の黒島にたいする感じ方、立ち向かい方、規定的動機にかかわることを一顧だにしないで総括していることが私には不自然に思えるのである。場のリアリズムからかけ離れたものに奥島総括はなっているのである。

川韮の破綻に痛みを感じないのか

そもそも指導的メンバーたちは、組織指導部としての指導の所産として三・三一川韮の破綻を主体的にとらえ、深い痛みを感じているのかどうか。これがすべての反省の出発点であるはずだ。指導部がその出発点を欠いてはいないかどうかを問い返すべきではないか。奥島文書はこのことがスッポリとぬけおち、川韮がひとりデタラメなことをやったものとして指弾されているように私には見える。（1）（2）もそう。そして（3）で奥島が「このように反省しつつ」といってもどこにもその内容は語られない、いや語ることができないことの主体的＝組織的根拠が、川韮の破綻を自らが生み出した所産であると組織的に受けとめていないことにある、と私は考える。奥島、錠田らの組織指導部のメンバーに心の底から痛みがあれば、「常任にあるまじき川韮発言」という表題を考えつくはずがない。川韮の破綻を生み出した組織指導部＝己れの問題という痛恨の念がおのずとわきいづるはずなのである。奥島は皆から血が通っていないと批判されつづけた。奥島は五・二〇会議で、自分は川韮問題の深刻さを自覚し否定的に転回したのだとCフラクションメンバーから批判され、この批判に反発し始めた。誰の何を契機として感覚が変わったのかわからない、と批判されてもなおあの一〇月Cフラクション会議の「転回」レポートしか書けず、しかもその中身を見れば転回の契機と奥島が言う対象たる加治川、佐久間から五・二〇会議でなされた発言の再生産自体が間違っているものである。「常任にあるまじき川韮発言」であると結論を組織的に確認してしまうと自分の出発点をなした感性的なものを忘れてしまうことに、これはもとづくのではないか。

歪んだ悩み

奥島「私は革マル派の組織建設について悩みながらこの文書を書いたのだ。それを結果解釈主義と

は許し難い」（一〇月Cフラクション会議）

右のように奥島が発言し、真っ赤な顔で怒っているように私には見えた。しかし、奥島はその悩みを語らない。それを明らかにすべきである。悩みを共有してもらい、ともに克服してゆくのが組織づくりの基礎だ。それとも指導部の悩みは下部成員には分からないでよいということなのか。それほど奥島が悩み抜いて対象化したものがこの文書であるならば、奥島はその組織建設の悩みを明らかにすべきである。奥島はどう組織建設の現状を考えているのか、川韮の破綻として露呈した組織建設のこの現状をどういうように変革したいと悩んでいるのかを語ってもらいたい。〔奥島の悩みとは実のところこうである。「佐久間、加治川に指導部をまかせたら組織がこわれるじゃないか」と二〇一八年の総括過程において奥島は、黒島との個別論議で、みずからの〝苦悩〟を語っていたのである。〕

指導部自身が川韮に主導的役割を担わせながら、〇〇地区労働者組織指導の軸に「加治川との闘争」を位置づけ、こうすることによって川韮自身が崩れたのである。自らがこの川韮をうみだしたのだという主体的把握が欠けているとしか見えない。奥島が川韮の破綻にたいして、数十年間、組織活動をともに担ってきた同志として少しでも痛みを感じているのならば、「加治川との闘争」なる組織建設の内実がおよそ歪んだものでしかないことを主体的に反省すべきなのである。自らがすすめてきた組織建設がゆがんでいるからこそ三・三一の事態が結果したのではあるまいか、そういう反省の片鱗もないように私には見える。奥島は組織建設でどう悩んできたのか？　それが核心ではないだろうか。黒田寛一が創造した思想に照らしてどうであるのかというように問い返さなくてもよいのか。（「加治川との闘争は必要なことなのだ」と八月Cフラクション会議でなお奥島は公言していたのである。）

奥島文書（2）の内容について

以下のくだりがある。

（2）の冒頭。「川韮のかの言辞は、黒島の苦闘をそしてこれに応えた白山の自己変革のための内的苦闘を踏みにじる許し難いものである。「□□反対市民運動」の長年にわたる組織的たたかいの集約をぶち壊すものである。」

これはまさしくそのとおり。このことは三・三一直後から黒島が告発したことである（四・七　黒島レポート）。しかし、これは、奥島、錠田、川韮ら常任・指導的メンバーが自覚できなかったことではないのか。五・二〇Cフラクション会議で黒島、加治川、佐久間、辛島らから厳しく批判されたがゆえに、ようやく、「これはまずいですよね」と錠田、奥島は帰りの電車でやりとりした、と錠田みずからが自己暴露していた。このことをみるかぎり、錠田、奥島はこの五・二〇Cフラクション会議でCフラクションメンバーから批判され弾劾されて初めて、川韮がこのまま乗り切ることはできない、と考え始めたのではなかったか？　そういう事実をはっきりと書くべきである。今回の「川韮の破綻」（と私は規定する）を指導機関や労働者指導部の自己批判としてなすのでなければ組織の再武装はできないと私は考える。奥島文書は指導部としてわれわれ革命的フラクションメンバーにあたかも上から教えるかのようなトーンで書かれていないか？　次のように書かれている。（1）で「川韮のかの発言はオルグ主体たる黒島の苦闘を踏みにじるものであり常任としては狂っている、ということを突き出しているものとしてとらえ返した。われわれは、それまでの川葦発言についてのみずからの危機感のよわさを反省しつつ」と書かれている。これは奥島ら指導部自身の主体的転回を反省的に書いているものだろうか？　五・二〇Ｃフラクション会議でフラクションメンバーは川葦を批判したのみならず、この五月時点で川葦だけの問題であるかのように紹介し、加治川から批判されても「川葦に聞いてみないとわからない」「帰ってから本人に確かめないといけません」と言っている当の奥島、錠田ら指導部にたいしても批判したのである。それを主体的にうけとめたならば、右のような「同志川葦の発言は常任としては狂っている」という批判に切り縮めることにならないはずである。

そもそも川葦発言の深刻さを革マル派の党員は誰ひとりとして直観できなかったのである。党員ではない黒島をはじめＣフラクションメンバーが弾劾し、川葦の発言や組織的根拠をも剔出してきたのである。労働者指導部は誰も直観できなかった、このことを改めて考えるべきである。なぜだと考えているのか？

まず、四・七黒島文書がだされて、四・一五□□反対運動対策会議で「一般的な反省」（石切）をしたそのそばから四・二〇で黒島を川葦、奥島が「加治川との闘争に協力してほしい」と個別的にオルグすることを始めていたという。指導部たるこの己に、愕然とし、そのことに痛苦なおもいを込めて自己表白をしないではいられないのが共産主義者ではないのかと私は思う。

下向分析の回避

そして奥島は「このような発言がなされてしまう主体的根拠は次の点にある」という。

「1　川韮はオルグ主体たる黒島のおいてある実践の場にはいってともに分析していくという立場が欠落していることである。」（A）

この批判は一見すると川韮の実践を反省しようとしているかのようにみえる。たしかに川韮は全く黒島の実践場にわが身をうつしいれて分析しオルグ指針を考えるというように実践的立場に立っていない、そのことは歴然としているからである。

奥島はその具体的事態を取り上げている。「黒島が報告した場面（DVDの件で緊迫した場面）に全く入っていない」というように。たしかに彼はその場面に入ってはいないだろう。では一体川韮は実は何を感じ、考えていたのか？

奥島は次のように言う。「川韮はその場面とは無関係なところで頭を回し」ていた、と。しかし、この無関係というのは、私は外的な規定だと思う。「高みに立った評論」というのも、私は川韮の実践にたいして外面的に規定をしたものでしかない、と思う。

「常任メンバーたるものは、労働者同志がオルグ対象の分析に苦労しているときにその中に入り、労働者同志とともに考え対象の具体的分析を深めオルグの指針を練り上げていくうえで指導性を発揮すべきである。」

これは、まさしくその通りだと思う。だが、なぜ川韮はそれを黒島にたいしてやらなかったのか？　できなかったのか？　あったところの川韮はなにを感じどうしようとしたのか？

「にもかかわらず、このような場面から、身を引き枠的な事（「インテリの白山は」という客観主義的な狂った評論）をいうことですましていられる川韮は現場で苦闘している労働者同志から浮き上がった存在になってしまっている。常任としては全く失格である。」

たしかに、ここで述べられていることは、（A）で指摘されていることを他面から言い表したものである。川韮が白山のオルグの反省を黒島が報告しているときに、その黒島の苦闘、オルグ実践を黒島の立場にわが身をうつしいれて主体的に分析しつつ、ともに考えるのでなければならない。その分析や指針を解明し、前進させるためにそうしなければならないのである。。けれども、このような問題にかんして川韮はこれまで問われたことがないのであろうか？　あるいは考えたこともなく、知らなかったことなのだろうか？

奥島の川韮批判の次のところを考えてみよう。

「川韮は黒島が報告した場面…に全く入っていない。川韮はその場面とは無関係なところで頭を回し、高みに立って評論をやっている。」

「指導性を発揮すべきにもかかわらず、このような場面から身を引き枠的〔枠として正しいのか？狂っているだろう＝黒江〕なことをいうことですましていられる川韮は現場で苦闘している労働者同志から浮き上がった存在になってしまっている。常任としては全く失格である。」

「川韮は、思いつきから現実を解釈する頭の回し方になっている。これは『亜フェノメナリズム』に転落していることの証左である。」

このように奥島は川韮を批判しているのである。奥島がおこなっている川韮の分析的規定は〃川韮は○○となっている。△△という存在になっている。これは××が欠落している。□□の証左（あらわれ）だ。〃というものである。このようなとらえ方は、川韮の実践の結果現象（川韮の発言）を、ある既知の偏向規定によって解釈し、意味づけしているものではなかろうか。確かに、彼自身がこれまで問われ、克服を目指していたところの偏向に陥っている、とわれわれが直観することは当然である。しかし、われわれがなすべきなのは、そのように直観しつつ、現にある川菲を下向分析することである。川菲は、あからさまなほどに労働者同志の実践場に入ろうともせず、黒島に水をかけたがっているとさえ思えるほどに外在的に眺めわたし、愚かしいほどまでに白山を罵倒してしまったのは、なぜなのか。このなぜを川菲の立場にわが身をうつしいれて主体的に考察すべきではないか。川菲の内奥を抉り出すように分析する、このことが必要ではないか。「革マル派の主体性論を投げ捨てている」と川菲をせっかく批判するのならば、おのれ自身が革マル派の主体性論を適用して分析するべきである。なおさらやらなければならないと私は思う。

川菲のあり様を、黒田寛一が彼を批判してきたその批判的規定によって解釈し、結果として意味づけることはできる。しかし、三〇年間常任を担い、「最高指導部」のメンバーとして土井路線の反省を真剣にやり再出発してきたであろう川菲が、かくも無残な「存在になってしまっている」のはなぜなのか？　奥島は、〝なぜだ〟と問いかけない。空しくならないのであろうか？　あるいは、労働者組織指導部としてともに数十年間川菲と組織指導をやってきた者として、彼の姿を、自らが生み出した同志の姿である、と主体的に感じないのであろうか？　「主体的内面に迫るという問題意識が川菲には一〇〇％欠落している。革マル派の主体性論を適用することを川菲は完全に投げ捨てているのだ」と奥島は川菲を批判した。しかし、川菲は三・三一分科会で突然このように主体性論を投げ捨てたのか？　突如としてこういう存在になったわけではないだろう。だから、Cフラクションの同志たちは八月にはっきりと批判した。川菲の変質の区切りは、いつ、どのような組織関係の下で、どういう組織実践にもとづくものなのか、と今日においてわれわれはとらえ返すべきである、「変質の区切り」を反省し剔出するべきだ、と私は批判した。私は三・三一分科会で川韮が労働者同志の実践場から「身を引き」「客観主義的な狂った評論」を吐いたのは、①ただ川韮が組織と無関係に自立的に陥ったことではありえず、組織的根拠があるのであり、この組織的根拠を剔出すべきだ、と考えたからであり、②「突然変質したわけではない」（Cフラクション会議）と皆が直観しているように、川韮の破綻は歴史的過去の何か具体的な組織実践によって生み出されつくりだされてきたものであり、ここに組織的根拠がある、と私は直観したからなのである。このように考えることはわれわれの常識的な考え方だと思う。「〃川韮叩き〃をやめよ」（佐久間、七月文書）を読み、やはり他の同志も同様の批判をいだいている、と私は確信した。だから、私は三・三一の川韮問題は楡問題とは切り離すべきだ、という主張が指導部からなされている（九月Cフラクション会議では奥島が加治川を「楡問題を持ち出しているのはおかしい」と言っていたように）と感じ、なぜそういう不可解な切り離し論を指導部は述べるのだろうか、と疑念を抱いている。

「常任にあるまじき川韮発言をめぐる内部思想闘争の教訓」と奥島は題している。しかし、「川韮発言」をめぐって、われわれは内部論議を積み重ねてきた。この表題にたいして、「概念規定され、意味を限定された川韮発言をめぐる組織内思想闘争の教訓とはなにか、下向分析の欠如である」と加治川は批判している。私もその通りだと考える。すでにのべてきたように奥島は、暴言を吐いた川韮を下向分析していない。主体的に分析してはいないのである。川韮の発言はおよそ「常任にあるまじき」発言ではある。しかし、奥島はそのようには自分では直観さえできなかったはずなのである。何を契機にいかにそのように断定したのかを主体的に反省していない。ただ単に指導部によって出されたある結論から発言を解釈し、規定しているのである。これでは川韮が破綻したことの組織的根拠も明らかにできない。川韮の破綻と同様の事態を繰り返さないと言えるのか。疑問である。今述べてきた問題提起にかんして私は以下のように考える。

二　川韮の屈服

川韮の変質の区切り

私は七月Cフラクション会議に提出した文書に以下のように書いた。

「川韮は加治川を「フラクションとしての労働運動」に陥っていると批判していた。ところが彼は、いつからだったか、加治川を「組合主義に陥っている」とか、〝向坂派の組合幹部〟との党派的な対立を感覚するのが弱く、緊張感がない、などと、一八〇度異なる批判をやり始めた。私は驚いた。川韮は検闘争において、加治川の提起してきた批判的意見を、最初はよく理解できなかったがようやく気付いたのだと言っていた。（二〇一五・五・八の加治川との論議で川韮は、加治川が組織戦術をどのように組合運動場面に貫徹するべきかを考えているのだと初めて自分は加治川から教わった、というものである。）そうであるならば、反省と自己批判が必要であるが、そのようなことを川韮はおこなったのであろうか。批判と自己批判を同志的におこなっていく、というように内部論議をやらずに、加治川にたいして一八〇度異なる批判を平然とくりひろげている内実の総括文書をつくっていたのが川韮なのである。そのような総括文書をつくっていれば川韮はその瞬間に空洞化するのではないか。一体何のための組織指導なのか？」

このように七月に私は考えていた。川韮がなぜどのように変質したのかの区切りを、その組織的根拠を抉りださねば川韮の反省が進まない、と考えてなのである。そのように考えていたときに、私は、九月Cフラクション会議で加治川から提出された文書を見て、驚いたのである。それと言うのも、二〇一五・七付け川韮の自己批判「このかんの論議の自己批判――内部論議の前進のために」という文書が二〇一五年の時点で組織的に提出されていたことを、私はこの時に知ったからである。

私はこれを読み「そうだったのか！」と感じた。そして何ともいえない感覚が渦巻いた。一言では言い難い。そのことは以下で私が述べることを見てもらえれば伝わるのではないかと思う。そして、九月の加治川文書を読んで、私の七月文書を振り返ると、私は、川韮がなぜおかしくなっていったかをつかみ取らねば、と考えながらもなお、いくつかのモメントが混在していたことを自覚した。それでも、問題意識は正しかったと思った。だから、なぜ、奥島、錠田ら組織指導部は組織的根拠を真剣に抉り出そうとしないのか、と激しい感覚に襲われるのである。私は九月の加治川文書を何度も読んだ。川韮執筆の二〇一五・七自己批判を読み、私は考えこんだ。川韮がここで明らかにしていることは、二〇一五・五・六綾島が加治川に「裏切だ！」と指弾した問題の反省である。

「(加治川の言動を）運動づくりにとっての阻害物、と感覚していること自体が組織的感覚が非革マル派的なものに落ち込んでしまっていることに気づかされた。そのような感覚に陥るのは、みずからの意見や方針を無自覚的に「正しいもの」と前提しているからである。このような姿勢を加治川や佐久間からは、『自己絶対化』であり『官僚主義』だと、われわれは批判されている、と思う。われわれは、黒田さんが言われたように、運動上、指針解明上、対立やずれが生じるのは当たり前であって、その際に、内部論議をつうじて対立を止揚し、より高次の同一性をつくりあげていく、ここにわれわれの誇るべき作風がある。こうしたことを基本に据えつつ組織建設をやり直したい。」（川韮自己批判書）

このように述べられている。私はこれを読み背筋を伸ばし、何度も考えさせられた。私自身、そしてわれわれはこれを肝に銘じてやらなくてはいけないと強く思った。そして川韮がこの時に真摯に自己批判したことをその後も貫いていたならば、三月合同フラクション総括会議・分科会の無残な崩壊はなかった、と心底から思う。加治川が痛恨の思いを込めて言うように。そしてこの三・三一分科会を前後する段階で川韮らが、「加治川との闘争」なる実体的排撃まがいの組織指導に堕ちていくことはなかったはずだ、とも思うのである。なぜなら、奥島文書（2）の冒頭で奥島自身が論じていることはイロハ的な事だと私は言ったけれども、この川韮自己批判には、みずからの感覚を、彼ら常任メンバー自身が陥っていた錯誤そのものであると自己確認し、実践場にわが身を置かぬところで、方針主義的指導をする傾きがあった己を真にのりこえるのだという川韮の決意が込められているからだ。また「反組織的」存在であるかのように実質上措き、その加治川との闘争をすることを軸にしている常任メンバーの組織実践、これは五・六で綾島が加治川排斥（「裏切だ」とまで言う排外主義に陥った）に至ったこと、常任がそれを容認してしまったことの形をかえた今日的なあらわれそのものである。つまり五・六で綾島が裏切りと叫び川韮ら常任がこれに追随していたこと。このことを川韮は一旦は自己批判した。しかし、それを反故にすることによって、また、「加治川との闘争」に盲進したのだ、と私には思えるのである。

実際、「運動上であれ指針解明上であれ、組織成員間の対立を止揚し、より高次の同一性をつくる」という黒田寛一の言った誇るべき作風を投げ捨てることによってのみ、川韮、錠田らの「加治川との闘争」はなしうるのではないのか。〈組織（指導部）⇕加治川（佐久間）〉という実体的対立図式をつくりだし、それに基づいて「加治川との闘争」に突き進んでいったのではないのか。手を変え品を変えるかのように様々な問題を取り上げ、それ自体が加治川に難くせをつけるに等しい「批判」が出来るのは、まさしく先述べにた「誇るべき作風」を投げすてたからではないのか。（常任メンバーらがこういう歪み切った実践的立場に立っているがゆえに、加治川に対して仕掛けてきている〝批判〟なるものは、ことごとく批判者である常任メンバーの思想的ゆがみと偏向を促進しつつあるのである。（川韮の轍を踏んでいないのか？と自問するのでなければならない。）このように考えてくると、かつて佐久間が警鐘を鳴らしてくれたことが現在、より悪い形で進行しているかのように見える。「Aの内部に発生した対立（〈a1⇕a2〉俗には「内輪もめ」）をAと非A（あるいはB）との外的対立に還元するという分析、思想闘争のあり方はどうなのか」（佐久間）と批判していた。二〇一五・五・六であらわとなり、これを川韮、四津山（常任メンバー）が自己批判したにもかかわらず、今日悪質な形で生み出され、今なお、わが組織指導部は反省せずむしろ蹴飛ばしてきた。その結果が「加治川との闘争」なるものを実質上〇〇地区労働者組織づくりの中心軸にしたことによる川韮の変質ではないのか。このことが変質の組織的＝主体的根拠ではないか。三・三一分科会で川韮がおこなった暴言の数々は、黒島による白山のオルグのなかに加治川（佐久間）の共同実践の姿を見たがゆえの排外的暴言と私はとらえないわけにはいかない。川韮の破綻の歴史的区切りは、二〇一五・

七川韮自己批判を誰かが否定し、川韮がそれに屈服したことである、と私には思える。詳細は分からないのでこの否定がいかになされたかを常任メンバーは明らかにされたい。〔川韮の自己批判を否定したのは古島であることはまちがいない。〕

主体性の崩壊——消えた灯

この二〇一五・七に川韮が自己批判を真剣になさんとしたことがその後、彼にとっての指導的メンバー〔これは古島のことである〕から否定されたのではないかというように私は推論した。九月の加治川文書には詳細に書かれていなかったことから、私は同志たちと討論を行った。その結果、次のような事態が浮び上がってきた。それについて私は分析、推論をした。

私が知る限りで言う。五・六問題をめぐってなされてきた反省論議（二〇一五・七川韮自己批判に示されるそれ）は間違っている、と二〇一六初めに加治川、佐久間が「指導的同志」〔つまり古島〕から突如通告されたようである。〝異論を排除する組織になっているという佐久間の考えにもとづいて思想闘争がなされてきているが、これまでおこなってきた五・六問題の反省は、運動への組織的とりくみをめぐって運動上の具体的問題の下向分析をしていないものだ。〟（大意）というのがその理由であったらしい。

そもそも、この「指導的同志」の「批判」は、何を現実的な基礎として、どういう意味でなされたのか、私にはまったくわからない。なぜか。当時すでに佐久間によって次のようなことが明らかにされているからである。

「1　加治川にたいして「裏切りだ」と綾島が言ったのは、組合幹部による葛城（分会メンバー）への攻撃に加治川が唱和した、と思ったからだ（綾島の言）。これは加治川の葛城にたいする批判的指摘を組合幹部の攻撃に「力学的に重ね合わせた」（綾島）のだ、ということ。

2　理論的に「なんだかんだと言っても」加治川は（葛城に反発されたのだから）現実には破産しているではないかといいたかった（綾島）、と言う。

1も深刻な問題であるが、ここでは論じない。

2は、内部思想闘争を怠って、実践場面上の「成果」で争うという姑息な発想を示している。こういう「論争」スタイルは政治主義というべきではないのか。右の1・2が明らかになった会議で私は綾島のやり方は「われわれの内部思想闘争を根こそぎひっくり返すようなものではないか」と弾劾した。（この時は川韮も「きわめて危険だ」と言った。）」（二〇一六・三・六佐久間文書より――この文書は指導部に提出されている。）

このような当時の論議を振り返ると、綾島が意識内をも一定程度明らかにしながら現実を再生産しこれを基礎として具体的に分析している論議であると思うこの佐久間文書は、このような具体的な運動への組織的とりくみをめぐってあらわとなった五・六の綾島の同志加治川を壁の向こうの存在とみなすかのような排外主義的罵倒、これを佐久間が下向的に分析し本質的問題を剔出しているものである、と私は考える。しかし、これが先の「指導的同志」には「異論を排除する組織になっているという佐久間の考えに基づいている」から間違っていた、と見えるようである。下向的分析を媒介としていない、存在論的決めつけ、の産物といいたいのであろうか？　しかし、先の「指導的同志」の批判を私が考えると、一体どこが「具体的な問題の下向分析ではない」のか？　と直ちに疑問がわく。二〇一五・五・六に綾島がなぜ加治川を排撃するに至ったのかを考えればどうか。これほど具体的分析にもとづくものはないはずである。楡闘争への組織的とりくみをめぐって、綾島が加治川からの批判を疎んじ、四・一二の運動対策会議以降加治川を楡対策会議にも参加させず外して、綾島の考えにもとづいて引っ張った運動への取り組みが何をうみだしたかを考えよう。四・一八芝（古参の組合幹部）、四・二九の組合集会のときに葛城が組合下部組織として、すでに組合として決定した都労委における和解について、「不本意な和解である」と反発を書き連ねたビラをつくり、組合幹部を除くかたちで選別的にこのビラをまいた。そしてこれに組合幹部が「反幹部闘争ではないか」と反発したこと。このようにわれわれが当時実質的に裸踊りにおちいっていることを加治川が目の当たりにして困ったわけだと思うのであるが、これをさして〝理論的になんだかんだと言っても、葛城に嫌われているではないか〟〝（組合下部組織役員をしている革命的フラクションメンバーの梅里をかばわないで）組合幹部と唱和している〟「裏切りだ」と感覚し、指導部会議で綾島が加治川を排撃した、という事態ではないのか。このきわめて具体的な事実を分析し、佐久間、加治川が批判をしたからこそ、これをうけとめた川韮は自己批判したのではないのか。綾島が、加治川は葛城に嫌われているのはどうしようもない、と馬鹿にしたようだが、それは、次の点、四・一二の組合の飲み会で、組合員の年田が梅里に「これまでは会社と和解しないと繰り返していたのに、なぜ突然和解するとなるのだ」と詰め寄ったことをおさえるために葛城が年田を「酒の席でいうな！」と遮ったこと、この葛城を批判した加治川が葛城から反発されたという事態である。この事態について綾島は「加治川は葛城に反発されていて何をやっているんだ。（どうしようもない失態だ）」と感じた、と言っていると聞く。〔今日から言えば、こうした綾島の述懐も綾島一流の政治主義的表現である。すなわち、年田の梅里への批判は、まさしく綾島が楡闘争を「復職なき和解絶対反対」という裁判闘争一辺倒に導いた闘い方が現実的に破産したことにたいして組合員年田がおこなった梅里＝綾島への批判として意義をもつのだからだ。綾島はみずからの楡闘争の指導のジグザグ（裁判闘争一辺倒のうえでの「和解反対」から「和解」策へのなしくずし的な転換）を隠蔽するために、この年田の梅里・葛城批判を加治川非難へと政治主義的にすりかえているわけなのだ。このように今日的にはとらえかえすことができる、と私は考える。綾島は組合運動も知らずにただ経験主義的に組織指導をやっているのだが、他方の古島ら革マル派現最高指導部は楡闘争のあやまてる指導、これを隠蔽することに必死であったにちがいないのである。だからこそ、古島は、川韮の自己批判を決して容認するわけにはいかなかった。もし川韮の自己批判を認めれば、古島自身の組織指導、労働運動に無知であることからするみずからの指導の歪みまでもが根本的に問われることへと行きつくからだ。加治川、佐久間が古島を批判していくであろうからである。」

およそ、このようにして「指導的同志」（＝古島）からの全否定が二〇一五・七川韮自己批判にたいしてもなされたと思われる。川韮は二〇一五・七の自己批判をその後この「指導的同志」から否定されたと推論できるのである。そのことによって川韮は本質的に五・六問題の自己批判の内実を投げ捨ててしまい、本人はどれだけ自覚していたか不明であるが、おそらく、どうしてよいか主体的な判断はできないでいたのではないかと私は思う。こうして川韮は五・六問題を生み出した主体的＝組織的根拠をのりこえるための飛躍の拠点を失ったのではないかと私には思える。川韮は、二〇一五・七自己批判へのこの「指導的同志」からの批判をまえにして、これにのりうつったのではないか、川韮は共産主義者としての主体性を貫けなかったのだ、と私は考える。この「指導的同志」は何らかの意図にもとづいて強引な無理筋の批判をやり、川韮はこれに屈服したのであろう。このように、川韮が一度は決意した五・六問題ののりこえを投げ捨てたことによって本質的に破綻したと私は考える。

川韮の自己批判を読むと、私は七月Cフラクション会議で錠田があきらかにしたことを想起する。つまり、川韮は黒田寛一から「リモコン主義」(これは、実践している労働者同志の立場にわが身をうつしいれて主体的に分析や指針解明をともにおこなうのではなく、外側から方針主義的指導をしていることではないかと思う)「人の心が分からない三歳児的他者無視」(これもまた労働者同志の苦闘にたいして客観主義に陥っていること、他者の苦悩をおのれが共苦しえないことではないかと思う)、このように黒田寛一から批判されてきた自己の限界を克服するのだという川韮の決意がこの二〇一五・七自己批判にはこめられていたように私には感じられる。そう思うからこそ、私は川韮の主体性をへし折ったことの意味が重く、へし折られた川韮の主体性喪失も重い、これこそが三・三一分科会における川韮の破綻の歴史的淵源だと推論する。そして、それは、現在の常任メンバー、組織指導部によって続けられている組織指導に貫かれ、場所的に再生産されていると私は考える。川韮自身が今私が推論的に剔出した問題を主体的に考え、なぜ主体性喪失におちいったのか、古島らに屈したのか、屈したなどと自覚的には考えていないだろうが、のりうつっていったのかを見つめ、場所的に対決するのでなければ自己再生はできないと考える。われわれはこのことを主体的に受けとめ、反省し、その組織的根拠を克服しなければ川韮問題は決して解決できないと思う。以下、項目的にさらに考えるべきであることを列挙する。

〝白を切る〟綾島――思想なき者の無恥

①綾島はいまだに七月に佐久間が「川韮叩きはやめよ」で批判していることに応えていないが、なぜかを明らかにするべきである。黙殺するという対応は革マル派的ではない。これは指導部の責任でこたえてもらいたい。すでに四か月。われわれが何も感じていないとでも思っておられるか。〔三・三一分科会の座長であった綾島は、この分科会での川韮の暴言を、後日、「忘れていた」とか「何を言っているのかわからなかった」と称して、〝白を切り〟続けている。しかし、綾島のこの言い逃れを、古島ら常任メンバーは、誰一人として批判していない。いや、批判するはずもないわけである。〕

②四・二〇に黒島と個別論議をおこなった諸同志は、「加治川との闘争に協力してくれ。」と彼に要請した。これにたいして黒島は真摯にこたえた。三種類の文書をわたされた黒島はこれらを読み批判文書をつくり彼らに渡したと聞く。それを指導部は加治川に渡したのか。（加治川はこれらの黒島執筆の文書を指導部からうけとっていないのが事実である。）黒島が三種類の文書にたいして批判文書をつくったことは、黒島が内部思想闘争を真摯におこなったものであり、加治川にたいする黒島の同志としての正当な対応である。要請した指導者は黒島を何だと思っているのか。〝使えない〟と思ったのか。加治川との闘争なるものが同志的な内部論議ではなく、あらかじめ自らを正しいと決め込み、加治川の非を明らかにするために、黒島という彼らが選抜した同志を利用するという極めて政治的なやり方だ、と私は考える。

最後に。

川韮は言う。

「私をはじめとする常任が、その時々に発生した方針上や判断上の対立を整理して解決する努力をしてこなかったこと。それは加治川の異論を『混乱させる』とか『足を引っ張る』とかと感じて横にどけるような感覚に陥っていたからであり、こうした感覚は組織建設を進めるうえで間違っていることと。これらの対立を理論的にも整理して、より高度な同一性をつくりだすことをさぼってきたことを――先輩常任同志から批判されて――常任の責任放棄として反省している。そこからやり直したい。」

「何よりも方針や諸活動をめぐって生み出された諸成員間のズレや対立を当面する運動づくりにとっての阻害物であるかのように感覚してきたこと自体が、組織的感覚が非革マル派的なものに落ち込んでしまっているのだということを加治川、佐久間から批判されて気づかされました。同志黒田が常に言われてきたように方針や現実判断をめぐるズレや対立が生じるのは当たり前であって、これらを組織建設の糧としてとりあげ、それをめぐる内部論議をつうじてより高次の同一性を創り出していくというところにわが革マル派の誇るべき作風があるのだと思う。この精神と組織建設論の基本を学びなおして、組織建設の危機を克服していきたいと思います。」

私は、この反省は加治川、佐久間にたいする川韮の自己批判という意味ではまったく正しいと考える。しかし、錠田は一〇月Cフラクション会議で「川韮の自己批判は誤っている。三・三一発言と同質の誤りだ」と発言した。他の仲間もこの錠田の発言には疑問をもっているので、文書で見解を明らかにしていただきたい。

いまこそわれわれは三・三一川韮破綻問題の教訓をうちかため組織建設の危機をのりこえるのでなくて

はならないと私は考える。

二〇一八年一二月二六日

〔以上に掲載した黒江の指導部批判文書にたいして、革マル派現指導部は回答することができず、沈黙した。そして、彼らは、二〇一九・一・三〇に黒江を加治川、佐久間とともに除名したのである。〕

仮説を事実として断定する思考法
――反米民族主義の立場にたってこしらえあげられた「イランの逆襲」物語

西知生

中東の労働者・人民は、いまも、今日このときも、戦火の下で暮らしている。この感想文を書こうとしているとき、イラクにおいて反政府闘争に立ち上がった人びとにたいする弾圧のニュースが伝えられてきた。死者は一〇〇名にのぼり、負傷者は四〇〇〇人とも六〇〇〇人とも報じられている。遠くはなれた日本ではあるが、現代世界をその根底からくつがえすイデオロギーの場所的創造とその物質化の闘いを、そして、国際的な反戦闘争を、われわれは展開しなければならない。このことを、私は痛切に感じる。

以下は、「解放」第二五八九号掲載の論文「サウジアラビア石油施設への攻撃事件の意味するもの」を読んでの批判的感想である。

分析主体の目的意識

この論文の筆者およびこの論文を書くにあたって論議したであろう革マル派現指導部は、「シーア派国家イランがフーシ派を追認役として決行したところのアメリカ帝国主義にたいする満を持した逆襲である」と断定した。

そしてその断定の方法として、彼らは「革マル主義者としてのわれわれの価値意識・価値基準にもとづいて吟味しつつ、その真偽を洞察し、かつ『対象の対象的分析と対象の主体的分析』というわれわれの下向分析の方法を駆使して『いつ・どこで・誰が・何を・何のために・どのように』おこなったのかをあきらかにすること。他方では巻きおこった事件をいわゆる『大情勢』(『政治的判断と推論』三六頁)のなかに位置づけかえすこと。――この両者の統一において事件の真相と深層がそしてその意味が明らかにされなければならない。」としている。

唯物論的な認識の方法として、かつて黒田寛一は、武谷三男の認識論を批判的に摂取することをとおして、認識=分析主体たるわれわれは自己の目的意識にもとづいて、現象―実体―本質というように下向的に分析すると同時に認識=分析主体の問題意識に規定された認識下向の終局を出発点として普遍的本質論―特殊的段階論―個別的現実論というように存在論として上向的に展開する、このように両者の区別と統一において諸現象を把握・認識するということを論じた。この認識の方法を、諸事件の分析にも適用しなければならない、と私は思う。すなわち、われわれはわれわれの直面した事件を唯物論的に分析しなければならないのであり、その事件の諸現象の把握を出発点として、その事件の担い手=実体の分析を行い、その実体が「何を・何のために」というように把握しなければならないと思う。そして、さらに、つかみとったものを「大情勢」のなかに位置づけ、上向的に展開し、その事件をつかみとらなければならないと思う。

ここで留意したいのは、分析主体の目的意識ということである。この分析主体の意識・目的によって分析対象が規定されるのであり、分析対象からその諸契機が捨象される。それは、諸現象の分析においても、さらに、下向的につかみとられた諸実体の分析においても、そうである。分析主体の問題意識にもとづいて分析の抽象のレベル、下向分析の底が規定される、と思うからである。

高度な誘導システムをもつのは誰か？

では上記の論文ではそのような方法がとられているのであろうか。まずは事件の〝事実〟からである。攻撃を受けたのは、サウジアラビア国営企業サウジアラムコの石油施設二か所であった。事件の直後に、イエメンに拠点をおくフーシ派が声明を出し、攻撃を認めた。その声明では、ドローンが一〇機とされていたのであった。

アメリカ国務長官ポンペイオは、攻撃がサウジアラビアの北方からなされ、かつ、使用された巡航ミサイルとドローンがフーシ派のものではない、として、この攻撃はイランの戦争行為、あるいはイランが関与したものである、と非難した。

サウジアラビア国防省も「攻撃はドローン一八機、巡航ミサイル七発によるものであり、北北西からの攻撃であった」と発表し、ドローンおよび巡航ミサイルの残骸を公表したのであった。アメリカおよびサウジアラビア当局のイランの関与という主張にたいして、イラン大統領ロウハニは、証拠がないと反論したのであった。――以上が新聞などのニュースで伝えられたことである。

われわれのそして革マル派指導部のつかみうる唯物論的事実は、いまのところ発表された、また発表される情報にもとづくものだけである。

アメリカ・トランプ政権およびサウジアラビア当局は、使用された武器、および、攻撃が北の方からなされたということ、そしてフーシ派の拠点が南方のイエメンであるということから、攻撃そのものがイランによっておこなわれた、あるいはイランの関与によっておこなわれた、と断定したのである。しかし、これはあくまでも、アメリカ・トランプ政権とサウジアラビア当局の断定であって、事実は闇の中である。唯物論的にはあくまでも仮説・推論にすぎない。有力な仮説・推論であったとしても、仮説・推論であり、そこには仮説・推論をたてるあるいは公表するところのアメリカ・トランプ政権およびサウジアラビア当局の意志が働いている。

さらに、諸実体の分析はどうであろうか。この事件を担う諸実体は、直接的にはフーシ派とサウジアラビア政権であり、その背後のイラン政権であり、トランプ政権である。

当該論文では、フーシ派をイラン現政権との関係において分析することとしては、イランのハメネイがフーシ派の広報官をテヘランに呼び、フーシ派支持を表明した、ということが書かれているにすぎない。もしくは、当該論文ではフーシ派はただ追認するだけの存在としか扱われていないのである。

イエメンは二〇一五年以来、内戦状態にある。アラブの春の影響をうけて二〇一一年にイエメン騒乱が起きた。当時、イエメンではサーレハ大統領による強権的な独裁政治がおこなわれていた。イエメン騒乱によって、サーレハは、現大統領ハーディに政権を委譲。大統領選挙は独裁下においてハーディのみが立候補し、ハーディが大統領についたのであった。二〇一五年、フーシ派がハーディ政権を打倒、ハーディはサナアを脱出したのである。そのフーシ派を支援しているのがイランであり、ハーディを支援し、内戦に軍事介入したのがサウジアラビアである。サウジアラビアによるフーシ派支配地域にたいする空爆はいまもつづいている。そして、そこに、ハーディ派から分かれた南部独立派がＵＡＥの支援を受けて、三つ巴の内戦状態になっている。民間人の死者は一万人以上とも言われ、一四〇〇万人の人びとが飢餓に苦しんでいるという状態にある。

フーシ派はサウジアラビアの空爆にたいして、イランの支援により、過去、弾道ミサイル攻撃をもおこなっている。当該論文にもあるように、一四〇数回ドローンによる攻撃もおこなわれている、と報道されている。しかし、ドローンによる攻撃は、大きな成果はあげていなかった、と報じられている。

フーシ派ならびにイランの実体分析をすすめていくなかで私が疑問に思ったのは、今回のサウジアラビア石油施設への攻撃において、軍事能力が飛躍的に高度化されているということである。それは、この攻撃をおこなった者の軍事能力についてである。フーシ派が実行部隊であるとしても、またそれ以外の北からの実行部隊からであるとしても、巡航ミサイルおよびドローンは一〇〇〇キロメートル以上の飛行をしたことになる、という。その巡航ミサイル・ドローンの機体そのものの高度化よりも、むしろその誘導システムの高度化が、私の大きな疑問なのである。イランにその能力があるのだろうか、ということである。

(私は軍事情報には詳しくない。私の疑問は幼稚なものかもしれない。)

現在の巡航ミサイルあるいは米軍が使用するドローンは、ＧＰＳ装置によって誘導されているという。いうまでもなくＧＰＳ装置にはＧＰＳ衛星が必要である。イランは軍事衛星をもたない。二〇一九年の一月、二月、そして八月に衛星の打ち上げに失敗している。また、二〇一九年六月にアメリカのサイバー攻撃によってイラン革命防衛隊の軍事システムの一部が破壊された、と報じられている。それは、ペルシャ湾のタンカー攻撃のための軍事システムだと言われていた。そのような状態にあって一〇〇〇キロメートル以上の、巡航ミサイル・ドローンの誘導が可能なのだろうか？　私にはイラン主導説について、大きな疑問となるところである。

発射地域についても、サウジアラビア石油施設の北側からの攻撃であると言われ、そのことが、フーシ派が実行部隊ではないとされる根拠になっている。たしかに北側には、イランの一部もあり、シリアの南側でもある。ある報道では、シリアの民兵部隊による犯行ということも報じられている。シリアの民兵部隊にはもちろんイランの影響・支援を受けるものもあれば、ロシアの支援を受けるものもある。唯物論的現実から実行部隊を推論するばあい、追認したところのフーシ派、およびイラン、またはイランに支援されたところのシリア民兵部隊、そして、つかみきれていないXを措定して推論しなければならない、と私は思う。

なされていないサウジアラビア現政権の分析

他方、サウジアラビア現政権についてはどうであろうか？　当該論文では、他方の当事者であるところのサウジアラビア現政権の分析はまったくおこなわれていない。なぜだろうか？　この事件を唯物論的に下向分析していくうえで、サウジアラビア現政権の中心を担う実体の分析は絶対に必要であると思う。しかし当該論文では、それはまったくなされていない。当事者を捨象しているのである。その分析は、この論文の筆者ならびに革マル派指導部にとって必要のないものなのであろう。

サウジアラビア現政権の中心を担うのは、皇太子ムハンマドである。ムハンマドは、「石油に依存する経済体制からの脱却をめざす改革」と称して、強権的な政権運営をおこなっている。「アラブの春」以降、反体制派とみなされる人権活動家・宗教指導者ならびに労働者・学生への弾圧をおこなってきた。サウジアラビア・ジャーナリスト殺害（トルコにおいて）にみられるような秘密警察を使った謀殺・拉致・行方不明は王族・エリート階層にまで及んでいる。そのムハンマドが強力に推し進めているのが、今回攻撃にあったサウジアラビア国営企業・サウジアラムコのＩＰＯ（株式の新規公開）である。（ムハンマドは、このアラムコの価値が、二兆ドルはあると公言している。）

だが、このアラムコのＩＰＯは、これをめぐっての王族間の権力闘争、軋轢、そしてサウジアラビアのジャーナリスト、ジャマル・カショギの殺害などによって延期されてきていた。いま、サウジ王族内部の亀裂は修復できないくらいになってきている、と言われている。また、イエメンにたいする強引な軍事介入など、その強権的な手法は、ＵＡＥをはじめとするペルシャ湾岸諸国との亀裂をもつくりつつある。ムハンマドの独裁的・強権的な手法は、ＥＵおよびアメリカ議会においても批判の声があがるほどなのである。

ムハンマドがアメリカ・トランプ政権と太い関係にあるならば、権力内の反ムハンマド勢力はどこと関係を結ぶのであろうか？

一〇月一四日、ロシアのプーチンは、サウジアラビアを訪問した。その際、サウジアラビア側からはムハンマド皇太子だけではなく父のサルマン国王も出席し会談している。プーチンは、サルマン国王と会談し、「ロシアとサウジアラビア両国の関係が、中東の安定と安全保障にとって重要」だということを述べ、アラコムへの出資にくわえて、ロシアのミサイル防衛システムの供給までをも提案したという。まさにマッチポンプを想像させるようなことではないだろうか。このプーチンとの会談にサルマン国王が臨んだということが重要であるように思える。サウジアラビア権力内の反ムハンマド勢力もサルマンには逆らえない。それはムハンマドもそうなのである。プーチンがサウジアラビアを訪問したということは、すなわちサウジアラビア権力内部にロシアとのパイプをもつ者がいる、ということであろう。でなければ事件から一か月そこそこで、ロシアのプーチンが訪問し、国王サルマンとの会談を実現するのはむつかしいと考えざるを得ない。先に実行部隊の推論をした・フーシ派とイランの軍事能力およびサウジアラビアの権力内の諸実体の分析をとおして、サウジアラビア権力層のなかの反ムハンマド勢力とロシア、という実体が浮かび上がってくる。

しかし、やはり推論である。

仮説のうえにたてられた推論あるいは物語

科学的分析においても様々な仮説がたてられる。それは経験によるものであったり、直感であったり、また、論理的推論であったりする。その仮説は、実験によってあるいは長期的な観察によって証明される。

唯物論的に、国際情勢・国際的事件を分析するばあいも、現実から出発し、下向的分析をおこない、仮説を立て、推論をおこなう。当該論文も仮説として推論としての一つのものだと思う。だが、他の仮説・

推論もなりたつ。また把握しきれていないこともあるということも捨象することはできない。それが唯物論的な方法であると思う。

当該論文においては、イランの軍事能力の分析も、サウジアラビア権力者の実体分析もなんらおこなわれてはいない。同志黒田が解明したところのマルクス主義的な認識論の方法を国際情勢の分析に適用することは、なんらおこなわれていないのである。

曰く、「イランの権力者は一打逆転を狙いだしたに違いない」。曰く、『時は今だ！』と攻撃に踏み切ったに違いない」と。これは、ただただ仮説の上にたてられた推論＝革マル派指導部の願望にもとづくイランの反撃物語でしかない。

では「大情勢」のなかに位置づけられているのであろうか？

この論文で「大情勢」としておさえられているといえるのは、選挙を控えたトランプとイスラエルのネタニエフの問題だけである。中東情勢の、たとえば、サウジアラビアとペルシャ湾岸諸国との関係、トルコ＝シリア情勢、イラクにおける現政権の問題などにかんしては、なんら論じられてはいない。〝捨象〟されているのである。

『大情勢』のなかに位置づけ捉えかえす」とはどういう意味をもつのだろうか。それは、認識論における上向的展開に妥当するものでもある、と私は思う。下向分析においてつかみだしたものを基礎にして、普遍的本質論―特殊的段階論―個別的現実論という上向的展開の方法を世界情勢分析に適用しつつ、世界情勢をあるいは一つの事件を論理的に把握する、ということであろうと思っている。当論文では、このような上向的展開の方法はすべて投げ捨てられている、といっても過言ではないと思う。わが黒田寛一の解明した認識論の方法と国際情勢分析の方法はいっさい適用されていない、といわなければならない。分析方法にかんする同志黒田の文章は、革マル派指導部のこの論文での〝物語〟にハクをつけるために、あるいはこの論文を読むであろう良心的な労働者・学生をごまかすために、利用されているにすぎない。

イラン権力者へのすがりつき

私は実体分析をさらに下向的に深めなければならないと思う。それにかんしては、サウジアラビアにおける・あるいは・イランにおけるプロレタリアートとブルジョアジーとの関係にまで、すなわち賃労働と資本の関係にまでほりさげなければならないと思う。

サウジアラビアにおいては、王族どもが、王族という立場を利用しつつ、欧米帝国主義諸国の独占資本家どもと癒着し、オイル・マネーを基礎に資本家へと転化している。また、イランにおいてはホメイニ革命以後、この国の支配層・資本家どもがイスラームを労働者・人民への搾取と抑圧に利用している。いかに宗教間の争いあるいは民族紛争、少数派民族の抑圧として現象していようとも、あるいは、被支配階級の闘いがテロリズムにゆがめられているとしても、その本質であるところの賃労働と資本の関係を、われわれはつかまなければならないと思う。二〇一〇年から始まった「アラブの春」として現象したところの労働者・人民の闘い、その闘いの質がいかにゆがめられていようとも、本質的には、賃労働者の資本にたいする闘いなのだと思う。

その闘いにアラブの権力者・支配層は驚愕したのだ。「アラブの春」は、敗北においやられたけれども、そして労働者・人民への搾取と抑圧は強められてしまったけれども、アラブの労働者・人民のうちにわきおこった力は必ず爆発する。サウジアラビアの王族どもは、そしてイランの権力者・支配層は、それを恐れているのだと思う。

だが、革マル派現指導部は、この〝本質〟に目をやることは一切無い。革命的マルクス主義者としての価値意識・価値基準はどうなったのか。アラブの労働者・人民に一切目をやることなく、仮説のうえにイランの反米逆襲物語をつくりあげた革マル派現指導部の価値意識・価値基準とは何なのであろうか。

それは、「九・一四事件の政治的・軍事的・歴史的意味」として、みずから、イランの反米逆襲物語をつくりあげ、そのイラン権力者を、諸手を挙げて賞賛している姿に現れている。

彼らは、反米民族主義の眼から、「九・一四サウジ石油施設攻撃事件は、イスラエルとサウジアラビアを拠点とした軍国主義帝国アメリカの中東支配の最後的終焉を、全世界に告げ知らせるものとなった」、と言う。彼らは、アメリカ帝国主義の中東地域における影響力が衰退していくことを、イラン権力者にすがりながら喜んでいるにすぎない。革マル派現指導部がすがりついたイラン権力者はイスラームの名において労働組合活動家を弾圧しているのだ。彼らの頭には、アラブの労働者・人民が団結し、その権力者を打ち倒す闘いに立ち上がることなど、そしてその闘いをこの日本の地の革命的マルクス主義者として呼びかけることなど、一切ないのである。彼ら革マル派現指導部の発想は、かのスターリンに指導されたコミンフォルムの発想と同様に思える。各国労働者の階級的団結と組織化を投げ捨て、ソ連圏の地理的拡大を追求し、政治的・軍事的に拡大した地域をスターリニスト官僚の支配に置いたそれと同様の質である。

まさに革マル派現指導部の価値意識・価値基準はスターリニストそのものである、といわなければならない。

最後に革マル派現指導部は、労働者・学生に反戦闘争を強力におしすすめることを呼びかけている。だが、その闘いの質は、イラン権力者への尻押し運動へと変質させられてしまうものなのだ。それは、かつてソ連の核実験を擁護した日本共産党と同じではないか。

同志黒田寛一の解明したところの、実践的唯物論にもとづく下向・上向の認識の方法を投げ捨て、米ソ核実験反対闘争の革命的意義を足蹴にしているのが、革マル派現指導部の姿にほかならない、と私は思う。

二〇一九年一一月一七日

Ⅲ　新たな地平での闘いの決意

「ドイツ人もいたで…」 父の証言から考える反スターリン主義者として

柿野緑

私の父は、関東軍の兵員として中国東北部（いわゆる満州）に派遣されていた。一九四五年八月九日、連合国側の密約に基づいてソ連軍が満州に大挙侵攻、八月一九日には関東軍に停戦と武装解除が実施されて、彼は多くの日本兵とともに西シベリアに移送され抑留された。抑留された捕虜収容所（ラーゲリ）はバイカル湖のはるか西のスターリンスクの町にあった。「クズネツク」炭田と聞くとお分かりの方もいると思うが、一九三一年まで「クズネツク」と呼ばれていた〝鍛冶屋〟という意味の町である。スターリンスクとは、まさしく権力者となったスターリンの名をとって一九三二年に改称された地域であり、現在はノボクズネツクである。

彼は、そのスターリンスクのラーゲリで、捕われた多くの将兵とともに、石炭掘り、レンガ造り、木材伐採などの強制労働を二年半も課せられた。そして、「三重苦」（重労働・酷寒・飢餓）に耐え生き抜いて辛くも帰国したのだ。

舞鶴引揚記念館での語り部の方たちからの聞き取りと京都新聞社の記者の取材を受けたことを発端に、

八一歳（二〇〇五年）の彼はついに重い口を開いた。辛い体験を少しずつ昨日のことのように話し始めた。その中で、抑留生活を振り返り「命をつないで生きてきたんよ。」「故郷に帰ったとき、柿の葉が緑《あお》かった。」と語った。この言葉にこめられた彼の痛苦な思いを決して無駄にしてはならないと私は思った。とともに、「同じラーゲリにドイツ人もいたで。」と語ったことが、私は気になっていた。

なぜ、六〇万人もの日本兵がソ連で強制労働をさせられなければならなかったのか。

改めて、「反スターリン主義についてどう考えるか」と自分自身に問うた時、スターリンの戦争政策と捕虜の強制労働を組み込んだ「社会主義」という名の経済建設についてどう考えるかをはっきりさせたいと思った。ここではまず父の証言から、スターリンのソ連が外国人戦争捕虜をどのように収容していたのかからはじめたい。

一　外国人戦争捕虜をどのように使役していたか

1　ポーランドに侵攻し多数の捕虜を収容

一九三九年八月二三日の独ソ不可侵条約締結直後の九月一日、ナチス・ドイツの大機甲部隊が西側からポーランドに電撃的に侵攻した。ここに英仏がドイツに宣戦を布告し、第二次世界大戦が始まった。ソ連政府はナチス・ドイツとの秘密議定書（「モロトフ・リッペントロップ協定」）に基づき、ポーランド東部を占領すべく、日本とのノモンハン事件の停戦協定が成立した翌一七日に東側から一挙に大軍を侵攻させ多数のポーランド将兵を捕虜にした。ソ連軍は東部占領完了までにポーランド軍将兵一三〇〇〇〇人を捕虜にした。九月二五日、早くもスターリンの腹心ベリア（ソ連秘密警察のトップ）は、うち二五〇〇〇人に道路工事をさせる命令を出している。他方で、収容所が八か所、定員が六八〇〇〇人しかないこともあって、約四二〇〇〇人がドイツ占領地域出身という理由でドイツに引き渡され、ソ連に編入される西ウクライナおよび西ベロルシア出身者約四二〇〇〇人は釈放された。それだけではない。一九四一年六月にドイツ軍がソ連に侵攻。スターリンが予期しなかった独ソの開戦後、ドイツ軍に圧倒され敗走するソ連軍にとってポーランド人捕虜は「足手まとい」となり、スターリンはポーランドの属国化のために、将来の再建ポーランドの中核となり反ソ化しかねない将校ら一四七三六人をスモレンスク郊外のカチンの森で内務人民委員部部隊に全員殺害させ、森の中に埋めつくし、隠ぺいを図るという悪の限りを尽したのである。しかも、大量の遺体が発見されてからも「ナチスの仕業」だと主張し続けた。

（参考文献1　『カチンの森　ポーランド指導階級の抹殺』
　　ヴィクトル・ザスラフスキー著　根岸隆夫訳　みすず書房）

2　ドイツ兵捕虜

いよいよ、なぜドイツ兵の捕虜が日本兵と一緒のラーゲリに収容されたのかの疑問にせまる。父の証言が気になり文献にあたると、とんでもないことがわかった。

独ソ戦争は、一九四一年六月のドイツ軍のソ連侵攻に始まり、四五年五月のドイツの無条件降伏で終わった。この戦争では、ソ連は米英とともに連合国側となった。ソ連はアメリカの武器援助を受けながら、大陸でドイツ軍および同盟軍の攻勢をほぼ一手に引き受けて戦うことになった。ここには次のようなアメリカの目論見があった。

ソ連は連合国側に入って参戦したが、日本海軍の真珠湾攻撃を転機に参戦したアメリカは、当初は独ソ戦争に高みの見物を決め込んだ。アメリカは欧州戦線に手を出さずに、ソ連にドイツと戦わせてソ連が疲弊し崩壊するのを待っていたのである。アメリカ軍が欧州大陸に上陸するのは、一九四四年のいわゆるノルマンディー作戦である。その時は既にソ連のドイツにたいする勝勢は確定し、ソ連軍は欧州大陸を制圧する勢いだったのである。アメリカは慌てて欧州戦線に大軍を派遣し、占領地域の確保にうってでたのであった。

ソ連軍は初戦で大敗し、レニングラード――モスクワ――スターリングラードを結ぶ線まで後退し、クリミア半島やコーカサスの一部も占領された。工業地帯のかなりの部分と穀倉地帯を失い、捕虜は三〇〇万人を超えた。しかし、半年間にわたるスターリングラードの攻防戦に勝利し（四三年二月）、ウラル方面に疎開した兵器生産も軌道に乗り、ソ連軍は攻勢に転じた。以降はドイツおよび同盟国軍が敗退を重ね、「戦時捕虜」数は増加した。この「戦時捕虜」と日本の「戦後捕虜」を合わせると、ソ連国内に抑留され強制労働に従事させられていた捕虜は、二四カ国・四一七万人といわれる。――ドイツ兵二三八万人、日本兵六三万人、ハンガリー兵五一万人、ルーマニア兵一八万人、オーストリア兵一五万人などである。

（参考文献2　『シベリア抑留』　堀江則雄著　東洋書店　一二頁）

労働力の割り当て予定は、石炭に四四万人、土木・建設に二一万人、冶金に一四万人であった。この戦争で二〇〇〇万人を超える死者（兵士、一般市民を合わせて四〇〇〇万人とも言われる）を出したソ連の最高指導部は、戦後の経済復興に不可欠な労働力としてドイツおよび同盟国軍の捕虜を使役することを、大戦の途中に決めていた。（ソ連の苦境を英米等に見透かされないように、戦争被害を少なく発表した、と言われる。）一九四三年、連合国首脳たちのテヘラン会談を前にして設置された戦後処理のための外務人民委員部三委員会の一つ、賠償問題を検討する委員会は「捕虜労働力の使役」を「人的賠償」と位置づけたのである。

ドイツ軍捕虜は主として欧州部とシベリア西部に、日本軍捕虜はシベリア東部と極東に移送されたから接点は少なかった。ただし、カダフスタンのカラガンダやウクライナなどでは両者が接触した。このような捕虜政策の下、私の父も収容されたのである。

3　満州から移送された日本兵捕虜

一九四五年八月一四日のポツダム宣言受諾の御前会議決定に基づく終戦の詔勅は、満州にも伝えられ、大本営からの停戦および武装解除の命令が関東軍総司令部に下達された。

八月一九日ソ連国境ハンカ湖付近で停戦会議が開かれ、秦彦三郎関東軍総参謀長は、極東ソ連軍総司令官の要求を受け入れ、停戦と武装解除が即日実施された。また、両者の合意の下で「満州国」の管理や満鉄職員、協和会役員などの民間人も捕虜とされた。極東ソ連軍に捕獲された日本軍将兵は、一〇〇〇人単位の「作業大隊」に編成され、中国東北部（満州）の野戦収容所にいったん収容された。八月二三日ソ連国家防衛委員会（戦時の最高決定機関、議長スターリン）が、「日本軍捕虜の受け入れ、配置、労働使役」に関する決定を下し、「極東部、シベリアの環境下での労働に肉体面で適した」日本軍捕虜を五〇万人選別し、ソ連領内に移送するように求め、その移送先と割り当て数を指示した。

八月二一日には大本営参謀・特使がソ連側に協力を口頭で伝え、二六日には「労務提供」が正式に文書化されていた。日本政府・軍部首脳は、「国体（天皇制）護持」のために将兵をソ連に提供することを申し出たのである。（このような「棄民政策」を示す文書が「全抑協広報」で公表されたのは、一九九三年になってからである。）一四日の在外公館への指示のなかにも、本土が食糧難のため在外日本人はしばらく現地に残留させよ、とある。捕虜の総数は、『プラウダ』発表では五九万四〇〇〇人である。

ソ連による日本軍捕虜の扱いが非人道的だったことはその最初の段階から明らかである。貨車による家畜同然の移送、まともな給食も与えず、冬服も支給せず、栄養失調とノミと寒さによるチフスなどの伝染病の発生・蔓延を放置した。八月二三日の国家防衛委員会決定によれば、「極東部、シベリアの環境下での労働に肉体面で適した」はずの日本軍捕虜は、野戦収容所と移送過程で著しく体力を落とし、健康を害して、「使い物にならない」捕虜の送り返し（＝逆送）が移送の過程と並行して進められた。一九四六年四月末までに満州各地の旧野戦収容所に送り返された数は一万五五五〇人にものぼったという。彼らはただちに帰国できたわけではない。満州各地で寒さと飢えに耐えながら、中国人社会の中で何とか日銭を稼ぎ生き延びたが、そこで死んだ者も少なくない。

強制労働に耐えられるかどうかを判別するために、ソ連の軍医は、日本兵の尻の肉をつまんだ。そうして、残っている筋肉の量を「はかり」、肉体労働に使えるかどうかを判断したそうだ。

なお、軍人以外に、敗戦時の満州には日本人居留民が約一五〇万人いた。戦時の死亡者一八万人を除く居留民は、各都市の日本人会のもとで、一九四五～四六年の冬を何とか耐え、帰国を求めて南下した。一九四六年の春から秋にかけて中国国民党支配下の葫蘆島から、アメリカが提供した船舶で帰国した者は一〇五万人を数えた。北朝鮮経由で帰国した者も少なくない。だが、もちろん、帰国した彼らにも日本国内で過酷な運命が待ち受けていた。

（資料3　ＮＨＫ　ＥＴＶ特集「彼らは再び村を追われた　知られざる満蒙開拓団の戦後史」）

二　強制労働収容所とは

いやそもそも、ソ連において、強制労働収容所はどのように造られてきたのか。

世界史の中で、もっとも組織的に強制収容所を建設し運営した国はソ連である。ソ連国内にはラーゲリと呼ばれる強制収容所がロシア革命直後からソ連崩壊期まで多数存在した。レーニンが革命遂行のために反革命派の収容と変革のためにつくったもの、それをスターリンが悪用し拡大させていった。ソ連における収容所は、一九二〇年代から第二次世界大戦をはさんで一九四〇年代まで拡大し続け、一九五〇年代はじめに最大規模に達し、ソヴィエト経済で中心的役割を担うことになった。スターリン時代の一九二六年には刑法五八条、通称「反革命罪」が制定され、これ以降多くの共産党員、民間人、外国人がこの「罪状」を捏造され、強制収容所へ連行された。過酷な労働により多くの囚人が刑期を終えることなく死亡したとされている。

1 矯正労働収容所（プロレタリア政権を守るための非常措置）

一九一七年一一月、ロシアで立ち上がったプロレタリアートはレーニンを先頭にソヴィエト政権を樹立した。史上初めての「社会主義政権」といわれる。しかし、国内では旧皇帝派の反革命勢力との闘いが非常に重要であった。国外からも帝国主義諸国家の大軍がソ連に侵攻し、産まれたばかりのプロレタリア国家を抹殺しようとした。日本政府のシベリア出兵もその一環である。それに対してプロレタリア権力を世界革命の砦として守りぬくためにレーニンとボリシェビキは懸命に闘った。

レーニンは敵対・反動分子の誤りを正し、彼らをプロレタリア国家の担い手へと変革するためにあらゆる努力を続けた。レーニンの特色は、人民とともに辛抱強く働きかけ、根気よく骨折って彼らを教育することであった。思想的な変革によって人々が革命の事業に加わるように務めたのである。

2　スターリンの血の大粛清と強制労働収容所

しかし、世界革命の立場を放棄し「一国社会主義建設」を打ち出したスターリンが反対派を弾圧し、権力者になってからは一変する。反対派の大がかりな粛清が始められた。

スターリンとベリア（ソ連秘密警察の元締め）は、大粛清とよばれる反対派の徹底的弾圧を行った。反革命罪、国家転覆罪、国家反逆罪との罪名で、エセ「裁判」を行い、片っ端から一方的に死刑宣告を行い、判決、即執行というかたちで容赦なく殺害した。大粛清により、反スターリン派の旧共産党指導部は完膚なきまでに撲滅された。反スターリン派の地区委員会、州委員会、共和国委員会は丸ごと消滅させられた。一九三四年の第一七回党大会の一九六六人の代議員中、一一〇八人が逮捕され、その大半が銃殺された。一九三四年の中央委員会メンバー一三九人のうち、一一〇人が処刑されるか、あるいは自殺に追い込まれた。一九四〇年にトロツキーがメキシコで暗殺された後は、レーニン時代の最高指導者で生きていたのはスターリンだけであった。党内の反対派を大虐殺したのち、さらに、学者、軍人、官僚、農民など、あらゆる分野において反対する者たちの大粛清（大虐殺と追放）を行った。スターリンは広大なソ連全土に強制収容所（ラーゲリ）網をつくった。

また、一九二九年にはスターリンは第一次五カ年計画を実施した。その目的は、農業国ロシアを工業国に変えることであった。この計画の核心は農民を強制的に集団化することであった。すべての農民をコルホーズとソホーズと呼ばれる集団農場組織に組み入れた。農地・農機具・家畜の私有は禁じられ、すべてコルホーズとソホーズの所有になり、共用となる。集団農場で収穫される穀物はすべて国家のものになる。農村において、これまで、着々と財産を蓄えてきたクラークと呼ばれる富農層はこの強権的な「改革」に猛烈に反発した。思想的に変革されていない彼らにしてみれば、これまでの財産をすべて失い、以降も財産をためることが許されないからだ。スターリンは約九〇〇万人の富裕層（クラーク）を銃殺、あるいはシベリア流刑で完全に撲滅した。

富裕層を根絶したスターリンは、さらに、強制的集団化に従わない一般農民（ムジーク）に対しても容赦のない弾圧を加えた。各地で、強制的集団化に強く反対・抵抗する農民たちの暴動が相次いだ。これらの暴動に対して、スターリンは戦闘機に機銃掃射させ、戦車、大砲、火炎放射器を装備した軍隊を派遣して、農村を丸ごと焼き払わせた。一九二九年だけでも、強制的集団化に反対・抵抗した約一〇〇〇万人の一般農民が、銃殺かシベリア流刑になった。

3　ラーゲリ経済

一九三四年、スターリンは、ソ連邦内務人民委員部（ソ連の秘密警察統括部門、ＮＫＶＤ）を国家保安総局と収容所管理総局とを両輪とする弾圧機関として官僚専制支配の支柱とした。スターリンは、同年末のキーロフ暗殺事件を契機に、自分に忠誠を誓うようになった旧反対派も信用できないとして三六～三八年の大粛清を推進した。この大粛清は党・国家・軍の幹部だけでなく、社会の末端まで及んだ。即時逮捕された人々は、銃殺されるものと八～一〇年間収容所または監獄に収容されるものに分けられた。銃殺されたものは、一九三七年は三五万三〇七四人、三八年は三二万八六一六人に達した。強制労働収容所に収容されたものは三九年には二〇〇万人を超えた。

この膨大な国内的な大弾圧と粛清によって、収容した人々に労働を課したが、この労働力が第三次五カ年計画（一九三八〜四二年）の実現に動員され、「ラーゲリ経済」すなわち、収容所の不払い強制労働に依存する経済システムがつくられたのだ。

強制労働は、運河開削、鉄道建設、石炭・ニッケル・金の採掘などの国民経済二〇部門にも及んだ。

三　スターリンの犯罪

レーニン的原則の蹂躙

一九一七年一一月七日に実現されたロシア革命（ロシア暦では「一〇月革命」という）中に、レーニン率いるソヴィエト政権の第二回全ロシア・ソヴィエト大会で「平和に関する布告」が発表された。そこには、当時のプロレタリア国家の、そしてボリシェヴィキのプロレタリア・インターナショナリズムが明確に発揮されている。その内容は、「無賠償（捕虜抑留せず）」・「無併合」・「民族自決」に基づく即時講和を第一次世界大戦の全交戦国に提案したものである。即時講和・秘密外交の廃止を宣言して、当時のドイツ、オーストリア・ハンガリーの労働者だけでなく、諸外国の民衆やマルクス主義者に多大な影響を与えた。だが、スターリンは、国内的には官僚専制支配体制を確立するために、政治的大弾圧と血の大粛清をした。そして、国外的には「大祖国防衛」戦争を推進したのだ。これらは、レーニン的三原則の蹂躙である。大勢の捕虜に自国の「社会主義建設」のために厳しい労働を課した。数多の人民を恐怖と奈落の底にたたきこんだのだ。スターリンは「一国社会主義」建設を自己目的化し、プロレタリア・インターナショナリズムを放棄したのだ。

流罪判決を受けたもののために、スターリンは強制労働収容所と称して、シベリアなどにかぞえきれないほどの収容所を建設した。スターリンは工業化のためには、大量のただ働きの労働者が必要だと考えたのである。

それは、限界があるとはいえ、困難な状況のもとで人間変革を志したレーニンの矯正収容所とは全く異なる。スターリンは、納得させ、教育するというレーニンの方法を投げ捨てた。スターリンは、行政的暴力・大量弾圧・テロといった方法をとったのであり、思想闘争を通じての人間変革を放棄したのだ。

四　反スターリン主義とは

私は、これまで、労働戦線で、労働組合での闘いを基軸に労働者階級の解放をめざしてきた。日本共産党が一国での議会主義的改良を夢想して労働者の闘いを歪曲することに反対し、労働運動を左翼的に推進するために奮闘してきた。また、父のシベリア抑留の体験を平和教育に生かせるように教材化（紙芝居やそれをＣＤにしたもの）して、平和教育とその研究にも取り組んできた。「シベリア抑留」が当時のスターリンの捕虜政策と日本政府の棄民政策の一致に基づくものであることを明らかにしてきた。

この文章を執筆することによって、よくぞ生きて還ってくれた父への感謝と追悼の念を新たにするとともに、私は、「一国社会主義」建設の自己目的化とプロレタリア・インターナショナリズムの放棄がスターリンによっていかに貫徹されたのか、ロシア革命によって樹立された労働者国家をスターリン主義者がいかに歪曲しスターリン主義官僚専制国家に堕落させたのかを私はあらためて学び取ることができた。

父の体験が私に問いかけたものと、私が職場で労働組合運動を通じて学び培ってきたものが根本でつながっていることをあらためて自覚した。

また、もうひとつのつながりも明らかにしておきたい。私は、義父の戦争への向き合い方にも感銘を受けている。彼は、民間人としていわゆる満蒙に赴いたが、日本の敗戦に際して、中国共産党の理念や運動を見聞きして、単身で「解放区」にのりこんだ。蒋介石派の軍閥の将校の軍服を着たままだった彼はもちろん捕まった。しかし、そこで彼は、中国共産党に思想的に共鳴した。帰国後、彼は日本共産党に加盟し、共産党員が「アカ」などと呼ばれ「レッドパージ」に見舞われた時、彼も商工会議所から追放されたそうだ。しかし、共産党細胞の建設を進め、その後も地方議員を務める。ところが、日中の共産党が路線的に対立した時に、日本共産党中央により「盲（毛）従分子」などと烙印され、除名されたという。しかし、その後も、日中交流・貿易を基軸にして、地域や会社運営で社会的信頼をえて、半世紀にわたり日中友好・

非戦平和に力を尽したのである。彼のこのような戦争体験は、その後の彼の人生における重要な岐路を与えるものとなったと私は思う。

私の父のように辛酸をなめつくした末に、命からがら自国に帰った者と、生きる糧をえて帰還し、かつて戦火をまじえた他国との友好に終生尽力した者とのちがいはあっても、どちらも「共産主義」をめざす国に〝残って〟、世界史的体験をくぐりぬけて生きてきたのだ。彼らが当時逡巡しながらも生き抜いて帰ったこと、そして、私たちを生み育てたことによって、私たちに〝命はつながれた〟。私たちは、既に逝去した彼らの体験をどのように引き継いでいくのかが問われていると思う。

なお、ソ連邦官僚と中国毛沢東指導部とでは、残留日本兵（日本人）に対する態度が大きくちがっていたことは事実である。帰還した日本人たちの中には、日本人が中国で行った犯罪的行為の数々にもかかわらず、敗戦後に中国共産党・民衆がとった寛大な処遇に感動し、「撫順の奇蹟」（撫順の収容所での中国側の日本人にたいする処遇について述べたもの）などとして日本国内で報告し、進んで日中友好や非戦平和に尽力した人たちもいる。ソ連から生還した人々の多くは「反ソ・反共」化したが、中国から帰還した人々の中には「親中」の人が多く出たのである。大陸からの帰還船を提供してくれたアメリカにではなく、大陸で厚遇してくれた中国人への感謝を彼らはよく語っている。義父もまたその一人であった。ソ連と中国とのこうした対応の違いが出たのはどうしてだろうか。

中国毛沢東指導部もまたスターリンの「一国社会主義」を本領とするスターリン主義者であったことを、先輩たちから、そして黒田寛一の諸著作から私は学んできた。その意味では、実は彼ら毛沢東指導部もまたソ連官僚と同じスターリン主義者であった。

決意

革マル派現指導部は、思想的にも組織的にも腐敗を深めている。

思想的には、プロレタリア・インターナショナリズムの立場を投げすてている。「イラン軍のサウジ石油施設への軍事攻撃」を「イラン権力者によるアメリカへの満を持した反撃」と称賛しているのは、その自己暴露である。事態の検証をおこないもしないで、反米民族主義の立場に立って武力攻撃を絶賛しているのだ。これは、スターリン主義ののりこえどころか、スターリン主義に転落しているといわなければならない。

組織建設においては、彼らに対して粘り強く痛烈に批判した者たちを、「腐敗分子」「組織破壊者」というデマゴギーと威力を使って、組織外に追放する犯罪的な暴挙を行った。その後も、彼らは、反スターリン主義運動の原則に反するこのような行為の発覚を恐れ、一年近くたっても、その事態そのものを明らかにすることができない。組織の瓦解を恐れるばかりに「組織保身」しているのである。

父と義父の体験をも背負い、私は、反スターリン主義者として生きる決意である。

二〇一九年一二月三〇日

コロナ危機との闘いにおいてうみだされた思想問題

黒江龍行

一　前段

送られてきた「投稿」原稿

コロナ危機との闘いへのわが組織の組織としての組織的とりくみにおいて深刻な思想問題がうみだされた。

私は、コロナ危機との闘いを組織するために、労働者・市民向けの緻密化した情宣物の担当責任者となっていた。

その私に、同志加治川から、その情宣物に「投稿」という形式をとって載せるための原稿が送られてきた。いまから捉えかえすならば、この原稿をめぐるやり取りが、その後の内部思想闘争の前段としての意義をもっている、といえる。

その原稿は次のものであった。——

「天声人語」が「天　声　人　語」に

今日、四月二一日の天声人語をみて驚きました。朝、今日のは面白くないなーと思いながらさっと読んで、最後の下りにこう書いてあるのを発見しました。

「ご覧の通り、当欄も本日は、文字間を広げた題字に替えてみた。」読むと同時に視線がさっと題字にうつって、私の眼まで広がってしまいました。文字通り題字の間が抜けているのです。

この頃、「ソーシャルディスタンシング」が世界的に語られています。他者と身体的距離をとれ、という標語です。今日の天　声　人　語はそれを推奨しています。

電車に乗って思うことですが、乗客がついこの間までは、特に通勤ラッシュの始発駅では、われ先に座席に突進して座る様を見て情けないなあ、という気持ちになっていました。

ドアが開くと前の列から一斉に機敏に行動するのです。私も少しせかされるような気持ちになります。私は大体座れません。私はドアの横にたって座った人を見ながら、すごいなあ、人は行動の目的を持てば機敏になれるんだと感心していました。

ところが今は電車に乗っても、時間帯によりますが空席があっても立っている人がいたり、座席に一人おきに座り、私があいだに座ると隣の人がスッと席を立つことがあるのです。

これがソーシャルディスタンシングなのでしょう。でもこの言葉がひとり歩きし、私たちの行動を縛りはじめるのはまずいと思います。この標語にそぐわない人を非難したり、排除したりするようになると社会が思考停止状態になり全体主義に向かいかねないと危惧するからです。

社会の木鐸であるべき新聞が、排外的な方向に向かっている社会に警鐘を鳴らすことなく、標語化された「ソーシャルディスタンシング」に、題字を広げて応えるのは危ないぞ、と思います。翼賛宣伝と言わざるを得ないのです。

時には、天声人語ファン

このようなものであった。

「天　声　人　語」についての「投稿」原稿への私の批判

この原稿は、新型コロナウイルス感染拡大のもとで通勤している労働者の感覚からかけ離れている、載せられない、と思っているところに、同志加治川から電話がかかってきた。

以下、そのやり取りである。

加治川　投稿の原稿送ったから。載せて。あれは、ホットな天声人語のやつだから、アップトゥデイトだから。早く載せて。

黒江　うーん。あれは、ちょっと、うまくないですよ。通勤している労働者は、もっと、緊張してるんですよ。本当はコロナ感染の恐れがあるから、出勤したくないんですよ。しかし、通勤しなきゃいけない。私もそうなんですよ。だから、私もそうだけど、労働者は、感染したら、どうしようか、と緊張しながら電車に乗っているんですよ。そういう働く者が、今の状況下で、どういうことを感じながら、働いているのか、ということから、あの原稿はかけ離れているんですよ。だから、載せられないですよ。

加治川　あはははは！　わかった。わかった。(プツン。電話切れる)

その時、私が思ったことは、次のことである。

あはははは！と笑って、電話を切られたときは、あっけにとられた。拍子抜けという感じも受けた。もっと、同志加治川が反論してくるかもしれない、と思ったからである。しかも、あっけにとられたのは、笑って、持論をひっこめたからであった。えらく、軽い調子で、あの原稿を考えたのだろうか、と。

あと一つは、同志加治川の主体そのものに私は、どうなっているんだろうか、と疑問と危機意識をもった。どうも、感覚が、おかしい。職場をやめて働かなくなって、こういう実際の労働者の感覚が自分のこととしては、わからなくなっているのだろうか？　そういう人では無かったのに。ということは、現に、きびしい現実になげこまれていれば、感覚できるけれども、その場から離れてしまうと、浮き上がってしまう、ということなのだろうか。それは誰もが、問われることではあるけれども。どうも、強権的なものに反対する、ということと、上からの強制に従わない、というのが、ラジカルであって、言われていることに従っているように現象的には見える労働者は、愚かしい、というようなニュアンスも、私には感じられた。天声人語を翼賛記事だ、というのも、昔一九七〇年ころに一世を風靡したノンセクトラディカル的だ、と私には感じられた。こう考えたけれども、私は、このことをこれ以上、同志加治川には批判しなかった。私の危機感は薄っぺらであった、と痛感する。いま、このことを私は自己批判する。

二　全的な自己変革と飛躍をもとめる

われわれは、同志加治川を思想的に変革するための内部思想闘争を、新たなかたちで次のように開始した。

同志松代へ（四月二七日）

これは、いったい、どうしたことか、というような状況に同志加治川は、陥っている。情宣物への「考える人」名の「投稿」原稿として、彼が、辺見庸の詩の文節にたいしての、受けとめとも感想ともつかない文章をかいているので、転記しつつ、私の批判を書く。

同志加治川に全的な自己変革と飛躍をもとめる

以下、「」を付したものは辺見からの引用であり、地の文は、同志加治川の文章である。


「しかしながら、世界の全的瓦解はまだ始まったばかり。」

そう、これからだ。首切りの嵐が世界をなめつくすだろう。新型コロナ死ではなく餓死がわたしたちを襲うだろう。

「とりあえず、すべてのアウラというアウラは剥がされたのだ。」ａｕｒａ、オーラとも読む。昨日までここにいることの意味を考える必要はなかった。余計なことですらあった。自分とはなんであるかをたとえば、オフィスや工場・・・で考えなくても、日は暮れ、明日はまた日が昇る。雇用関係のスキームにつながれて仕事場を行ったり来たり。その関係を雇う側から切られた瞬間に、わたしはわたしとは何か、を考えなくても気づく。わたしに解雇を言い渡した社長はその瞬間にわたしの前のそこにいる人、となる。労働力とカネの交換関係は消される。

この数百年、賃金労働と資本の関係がこの社会が在ることを支えていた。資本家は自分が生き延びるためにその関係を壊しはじめた。つづいてあらゆる人間のつながり関係の破壊の衝動が起こる。衝動は充満し一点に収れんし決壊するかもしれない。

〈自己責任〉をかたるものを濁流に流せ！

同志加治川のこの文章への私の批判的意見を書く。

「自分とはなんであるかを、たとえば、考えなくても、日は暮れ、雇用関係のスキームにつながれて仕事場を行ったり来たり。その関係を雇う側から切られた瞬間に、わたしはわたしとは何か、を考えなくても気づく。」

これは、まったく、私が考え、疎外された労働のただなかで黒田寛一の思想に照らしながら、対質して感性化してきたものとは、相いれない。

即自的労働者について、論じているのかもしれない。しかし、商品＝労働市場において、資本家との契約を交わしたならば、われわれは、労働力商品として資本によって、徹底的にこき使われる。精神的にも、何も考えられないほどに。しかし、そのただなかで、おのれが非人間と化している、という直観に突き動かされながら、このおのれは、資本によって労働力の使用価値を消費され（絞りとられるということだ）、生き血を吸い取られる、そのような商品でしかない、資本の現実形態なのである、ということを考察していく。そして、このように自己を省察したことを拠点として、商品＝労働市場における自由、平等な契約関係、人格的関係というのは、実のところ直接的生産過程における資本関係の社会的直接性におけるあらわれであり、仮象なのだ、とわれわれは自覚する。黒田さんから学びながら、自己の物質的な労働やそれを遂行しているただなかでのおのれの感覚、内面を省察し、概念をも使って考えてきたことを、いま、対象化するならば、以上である。

決して、「その関係を雇う側から切られた瞬間に、わたしはわたしとは何か、を考えなくても気づく」

ことはない。直接的生産過程のただなかで、労働そのものにおいて苦痛を感じる、と同時に、この過程の外部では苦痛を忘れるために何も考えないようにする、とかというように、のりきるのではないであろうか。これが、労働の疎外であり、精神までもが疎外されている、ととらえかえせる、ということではないか。

ここで論じられているのは、同志加治川自身の自覚のことなのか、誰の自覚の構造なのか、わからない。「考えなくても、気づく」というのは、彼の実感をともなった思想なのか。これではタダモノ主義である、という自覚は彼にはないようである。解雇された瞬間に雇用関係への否定的直観がはたらく、というようなことを言いたいのかもしれない。しかし、それでいいのか？

「この数百年、賃金労働と資本の関係がこの社会が在ることを支えていた。資本家は自分が生き延びるためにその関係を壊しはじめた。つづいてあらゆる人間のつながり関係の破壊の衝動が起こる。衝動は充満し一点に収れんし決壊するかもしれない。」

ここに対象化されていることは、いったい、どういう思想なのか？　資本家は自分が生き延びるためにその関係を壊すのか？　資本—賃労働関係をこわせば、資本家は自己の資本蓄積の手段を喪失する。いや、そもそも資本制生産様式の自己破壊を意味する。もちろん、同志加治川が言おうとしているのは、労働者の解雇という事実であろう。しかし、その事実を理論的に対象化しようとすると、こうなってしまうのが、問題である。このように論じてしまったときに、ただちに、こう論じるのは、資本と賃労働との矛盾的自己同一という資本制生産の本質的矛盾との関係において反省するならば、あやまりではないか、と同志加治川が考えないのが、危機的である、と私は思う。どうも、資本家、賃労働者、人間のつながり関係、賃金労働と資本の関係、これらの把握が、現象論的になっている。同志加治川は現象論的にしか考えないから、先に論じたような、商品＝労働市場と直接的生産過程の相互に前提し措定する、という弁証法的論理がすっぽり、喪失しているのではないか。そして、資本関係を労働者がいかに自覚するのか、階級闘争にいかに決起するのか、ということを、自己の実践を省察することを基礎として把握し、自己に沈潜させる、というようなことがなされていない、という気がする。同志加治川には、大先輩であるにもかかわらず、否定する批判をしているようで、苦しい。が、あえて、同志加治川には、全的に自己変革と飛躍をもとめるがゆえに、批判した。

私は、ここに書いたことをおのれの拠点として、内部思想闘争をおしすすめているのである。

二〇二〇年五月

わが組織を反スターリン主義組織として創造し確立するために

松代秀樹

一　内部思想闘争の推進

分派闘争を果敢に展開したわが同志たちと私が合流し二〇一九年の早春に探究派を結成したことを組織的基礎として、われわれは、わが組織を反スターリン主義組織にふさわしいものとして創造し、われわれの思想的組織的人間的の同一性を強化するために、わが組織の内部思想闘争をねばりづよくおしすすめてきた。

わが組織をよりいっそう強化していくために、内部思想闘争のための内部文書の一端をもここに明らかにするかたちにおいて、どのような論議をつみかさねてきたのかをふりかえる。

われわれが中心的に論議したことの一つは、二〇一〇年から二〇一五年にわたってたたかわれた「解雇撤回」の闘い――われわれが楡闘争と名づけているところのそれ――の総括を深化することであった。

この闘いへの革マル派組織の組織としての組織的とりくみにおいて、わが同志たちは、党中央とその追随者たちによる労働運動へのとりくみの誤謬をあばきだし、思想闘争を執拗に展開した。同志たちのこの批判に脅えた彼らは、内部論議の圧殺にのりだしてきた。わが同志たちは、組織建設を官僚主義的にゆがめるこの諸行為をも弾劾し組織的にたたかった。このゆえに、われわれは、わが同志たちのこの思想的組織的闘いを、分派闘争の出発点をなす、というように捉えかえしたのであった。

このゆえにまた、楡闘争の総括の深化は、同時に、わが同志たちがくりひろげた分派闘争における党中央批判のイデオロギー的内実を反省し総括することでもあったのである。

党中央への批判においても組合運動の場面での活動においてもその先頭にたった同志加治川は、党中央とその追随者たちの誤謬を、「フラクションとしての労働運動という偏向におちいっている」とあばきだし批判していたのであり、この批判内容を堅持していた。分会の役員である革命的フラクション・メンバーが「復職なき金銭和解反対」という方針でもって分会をフラクションのようにかためて、これを組合本部にぶちあてる、という偏向におちいっているのであり、分会の中心メンバーをわが組織の担い手にするために反本部でかためるものである、というように、である。

たしかに、党中央が指導し革命的フラクション・メンバーがおこなった諸活動は、このようなものとなっている、と言えるとしても、フラクションとしての労働運動という傾向と言えば左翼的偏向になるのであるが、彼らが現にやったことはきわめて右翼的なものである、というように、私には見えたのである。彼らのやった諸活動は、わが組織の担い手を創造することとはまったく無縁なもの、と私には見えたのである。

そこで私は、彼らがうちだした指針が問題になるとおもい、彼らがうちだした指針は、「解雇撤回」を掲げた物取り主義というべきものではないか、と提起したのであった。

わが同志たちは、驚嘆の目をして「そうか」と同意したのであった。

しかし、われわれは、これ以上ほりさげることはできなかった。

私は、同志加治川に、楡闘争の総括を、闘いの現実を素描することを基礎とするかたちで文章化することを要請していたのであったが、なかなかすすまなかった。

もう秋になっていた。

ようやく彼が書いたものは、下向分析的ではなく、きわめて硬い文章であった。

このことについて論議した後、彼は「かつて書いたものを基礎としたい」と言って、楡闘争の過程において書いた膨大な内部文書を見せてくれた。二〇一九年からさかのぼること何年間かの膨大な内部文書にかんしてすでにもらって読んでいたが、これらは、私がまだ読んでいないものであった。

その諸文書を読みはじめて私はびっくりした。その諸文書の束のなかに、分会内左翼フラクションの一メンバーが地裁判決の直後に書いた・闘いの感想文と、この分会を結成しその役員となりこの闘いを牽引した革命的フラクション・メンバーの同時期の感想文とがあった。

前者のメンバーは「裁判を時代劇の『大岡越前』のように思っていた」、と書いており、後者のメンバーは「裁判所や都労委などの司法・行政機関で、労働者側の主張の正当性を認めてもらうことを自己目的化することの限界を考えさせられている」、と書いていた。

前者は、党中央の他在であり、彼らがつくりだしたその所産ではないか。後者は、この闘いを最先端で担っているメンバーが、その党中央に疑問をもっている、ということではないか。

そうすると、党中央は、完全に、裁判所・都労委依存主義に転落していた、ということになるのである。そして、同志加治川をはじめとしてわが同志たちは、このことを自覚しえていず、このことをあばきだしえていなかったのであり、いまもそうだ、ということになるのである。

これは大変である。

私は、このことについて、同志加治川ら同志たちに口頭でのべて論議するとともに、文章にして論議した。

この文章を、――書いた日付が先であるところの・同志加治川の書いた総括についてのべた文章を先に挙げたうえで、――ここに掲載する。

検闘争の総括をわれわれ自身がつくりだしえていないことについて

（二〇一九年一一月一三日）

われわれ自身が検闘争の総括をつくりだしえていないのは、そしてこの総括をつくりだすための内部論議がなお弱いのは、われわれ自身が旧来のわが組織のゆがみをひきついでいるものである、といわなければならない。党中央は、わが組織の労働運動への組織的とりくみの総括（Y面的アプローチの総括）をおこない、わが組織の諸成員の実践的・理論的・組織的の同一性を創造する、というかたちで、わが組織を強化確立する、と同時に、この総括の一定の内容を提起して、この闘争をともにたたかった労働者たちをひきあげていく、ということをしないのであり、できないのである。われわれ自身、われわれのこの何か月間をふりかえるならば、このゆがみを突破する、というように自覚的に努力してきた、とはいえないのである。

このことは、楡闘争の全過程において、楡闘争の総括を、その実践そのものを再生産しつつ対象化した文書がない、ということに、同時に端的にしめされているといわなければならない。

いま同志加治川が書きつつある総括は、だいぶん展開が改善されてきているのであるが、闘いの素描がなおリアリズムの足りないところがある。

闘いの現実、この物質的現実を素描し、この闘いがどのようにゆがんでいるのかの構造を分析し、この構造がどのようにおかしいのかを内容的に展開して、この誤謬に規定をあたえなければならないのであるが、フラクションとしての労働運動という規定をあたえる、ということから出発しているところがある。

簡潔に書いたところで、次のような展開がある。

「「復職」を掲げたものとり主義を開花させ破産した革マル派指導部は、フラクションとしての労働運動におちいったことを暴露し批判した反対派にたいして、それ以降官僚主義的に自己保身を嵩じさせた。」

このようなことがらを書くときには、それぞれ概念的規定ではなく、やったことの直接性を書く必要がある。もっとも端的なことをリアルに一言で書くことが必要である。それがなされていないので、書かれたものは、きわめて難しい文になっている。この文を読んで、現実をイメージするのは難しい。

また、ここは当時の論議を紹介しているところなので、当時の判断がこうであれば、この展開でいいのであるが、闘いの経過を素描したあとで、当時の自分たちの判断の限界をもふくめて、どこがどうおかしかったのか、ということを内容的に展開する必要がある。それが、当時の判断の紹介が同時に現在的な総括の内容のようになっている。現在的な総括をそれ独自におこなわなければならない。

さらに、次のような文がある。

「仲間づくりに従属させて組合運動方針を解明するのはセクト主義なのである。組合運動論的解明が問われたのである。」

現実にうみだされたものはこんなにいいものだったのだろうか。党中央に追随するメンバーたちは、分会の重職に就いている労働者に、「復職なき和解反対」という意識をふきこみ・彼に経営者に対決する姿勢をつくるために、という目的意識だけだったのではないだろうか。現にこの労働者につくりだしたものは、経営者への怨念だけであった。

〈仲間づくりに従属＝セクト主義＝党の利害のおしつけ↑↓組合運動論的解明〉という構図で批判しているのであるが、これでいいのであろうか。これでは、組合運動論的解明ということが、組合員たちの切実な要求を実現するために、というだけのことになってしまう。組合員たちの要求はそれぞれくいちがっているのだから、一方の側をおしつけてはならない、ということになってしまう。

この闘いに決起した組合員たちを種々のフラクションの担い手へと変革していくその出発点的な自覚を彼らのうちにつくりだしていくために、わが党員が組合役員としてうちだす組合の方針を、われわれはどのように解明していくのか、この内実がくるっている、という批判がない。

ひと肌脱いで分会の重職に就いた労働者を、経営者憎しの怨念に懲りかためさせる、というように変質させてしまったことをどのように反省するのか、ということが問題である。復職したい・復職をかちとりたい、という組合員たちと、こんな会社にもどるのはいやだ、金をとって辞めたい、という組合員たちとは、それぞれどのような利害と意識をもち、あるいはまた現状の何にどのように嫌気がさしてしまっていたのか、このことをどのように分析し、彼らをどのように変革しようとしたのか、そして何をやったのか、これを反省しなければならない。身体的能力的条件からしてここでしか仕事ができない人たちは何を感じどう考えていたのか、分会役員や組合員たちは彼らのために何をやろうとしたのか、それとも彼らのことを考えなかったのか、これらのことを現在的につかみとり、そこにはらまれている問題をえぐりださなければならない。

このように考えてくるならば、われわれは極闘争への組織的とりくみを、もっと徹底的に反省し総括しなければならないのではないだろうか。党中央に追随した連中への当時の批判を確認するにとどまっていてはならない、と私は考える。

このような目的意識のもとに、われわれは極闘争への組織的とりくみの総括を、組織的につくりあげていくべきである、と私は考える。

ふたたび極闘争の総括について（二〇一九年一一月一四日）

どうもこれまでのわれわれには、組合の方針の内容をめぐるイデオロギー闘争をとおして・闘いに決起した組合員を変革し強化する、また闘争の総括をめぐって論議することをとおして組合員を強化する、という発想がよわかったのではないだろうか。闘いに決起した組合員を種々のフラクションの担い手へと変革していくためにどのように組合の方針をめぐって・また闘いの総括をめぐって・論議するのか、ということが理論的に追求され解明されていない。組合員を強化するということは、いいメンバーと学習会をやる、となっている。

楡闘争の総括を書いた文書がない、ということが私には不思議であった。また、組合場面で書いたもの（あるいは講演をやっておこしたもの）つまり本名で書いたところの一定程度内容的に展開したものがない、ということが不思議であった。組合の方針や総括をめぐって内容的に展開したものを書かないと、組合役員や組合員を強化し育てていくことができないのである。

わが党の闘争＝組織戦術 E_2 を闘争論的に解明し、この E_2 を組合の運動＝組織方針 E_{2u} として具体化するのであるが、この E_{2u} それ自体、これを闘争論的につまり実践論的に内容的に展開していかなければならないのである。これが欠如している。

党中央に追随したメンバーが組合役員として提起した組合の方針は、都労委および裁判所への依存にゆがめられたものに、すなわち都労委提訴・裁判闘争主義的に歪曲されたものになっていたのではないだろうか。解雇撤回を、組合の力が弱いことからして、都労委および裁判所にうったえる、というかたちで組合はたたかわざるをえないのであるが、都労委に圧力をかけ・裁判闘争に勝利するために、という目的のもとに、組合は組合員の団結をつくりだし強化していかなければならない。都労委の裁決や裁判の判決は、プロレタリアートとブルジョアジーとの階級的な力関係の範囲を超えるものがでることはない。その力関係よりも当該の企業内の経営者にたいする組合の力が弱いときに、この企業内の力関係よりも有利なものがでる可能性があるわけである。この限界を捉え、組合の団結をつくりだしていかなければならない。このことが、党中央に追随したメンバーたちには完全に欠如しているのである。

このような都労委への依存と裁判闘争への歪曲と陥没ということへの批判が欠如していたのではないだろうか。

裁判闘争の限界と組合の団結の強化にかんする・右のようなことについて組合場面でどのように明らかにするのかを解明することがよわいままに、現実的判断として和解協議にのるべきことをわれわれは主張していたのではないだろうか。

高裁での逆転完全敗訴に「こんなこともあるのかあ」と川韮が茫然自失になって呟いたことに端的にしめされるように、彼らは裁判所に幻想を抱いてそれにおもね、その判決に期待していたのである。権力者に依存する、という今日の腐敗と変質に、当時の彼らはすでに陥没していたのである。

直接的には、彼らは、われわれの闘争＝組織戦術 E_2 を解明していないのであり、のりこえの立場にたっていないのである。けれども、たんにそのレベルの誤謬にとどまるのではなく、彼らが暗黙のうちにいだいていた E_2 の中身は、都労委および裁判所に依存するものにゆがんでいたのである。しかも、それは、たんに裁判闘争に傾斜する偏向があった、ということではなく、現存国家の形式上の三権のなかの司法権をつかさどる裁判所に幻想をもち依存する、というイデオロギー的変質を根拠とするものなのである。彼らは、「高裁は地裁判決よりも悪い判決をだすことはない」とおもいこみ信じきっていたのだからである。

私が、労働運動論的アプローチの欠如と言っているのは、党の利害を労働組合におしつける、という意味内容においてではない。それは、闘争論的および運動＝組織論的アプローチから労働運動論的アプローチに転換する、というアプローチの転換をなしえない、という意味においてである。われわれはあくまでも、プロレタリアにプロレタリアとしての自覚をうながし彼を変革しわが党の担い手にたかめていく、というわが党の利害を労働組合とその運動に貫徹するのである。われわれがわが党のわが党としての組織的目的を・すなわちわが党の組織戦術を・どのように労働運動と労働組合に貫徹していくのか、ということの解明にかんして、闘争論的および運動＝組織論的にアプローチするのと労働運動論的にアプローチするのとでは異なるのであり、前者から後者へのアプローチの転換が必要だ、ということなのである。

党中央にたいして「……おしこむのはセクト主義だ」と批判するのは、前衛党と労働組合との組織形態上の区別という・両者の組織形態の対象的＝存在論的把握を対置するにとどまっているものであって、組合の方針の実践論的解明における彼らの誤謬を実践論的にあばきだすものとはなっていないのである。

労働運動論的アプローチの欠如というのは、われわれが労働組合員あるいは組合役員たるの資格において——というように自己を二重化して——どのように組合の方針をうちだし・この方針にのっとってどのように諸活動をくりひろげるのか、というように解明することができない・そのように頭をまわすことができない、という誤謬をさすのである。

われわれは、労働運動論的にアプローチして、——場の分析とおのれが組合員あるいは組合役員としてどれだけの地歩をきずき・他からはどのように見られているのかの自覚にたって、——組合役員たるの資格において論文や講演録をどしどし書きまとめなければならないのである。おのれが一歩一歩地歩をきずき、組合の方針の内容的展開や闘いの総括の提起のなかで、みなさん、われわれはプロレタリア、賃金をもらうために必死で働いている労働者です（「プロレタリア」というような言葉を使いつつ、これをかならずみんなにわかる言葉に言いかえること――かならずこの言い換えをやって、みんなに、わかるようにすると同時にマルクス主義の用語をおぼえることができるようにすることが必要である）、プロレタリアとして自覚してたたかいましょう、いまこそマルクスの思想を蘇らせなければなりません、というようなことをしゃべったり書いたりしなければならない。

とにかく、自分が本名で（すなわち組合員として。個人加盟労組組合員であるが職場ではそのように公然化していないばあいには一労働者として）あらゆることをしゃべったり書いたりすることができるようになることが大切なのである。

われわれはいま裁判闘争をたたかっています。けれども、これはわれわれ組合の力がなお弱いからでもあります、裁判所は最終的には労働者の味方ではありません。裁判所がどのような判決をだすのかは、全国の労働者の力にかかっているのです。「連合」の指導部は解雇にたいして断固としてたたかう指導をやっていません。こういう限界をのりこえてわれわれの団結を強化していきましょう、というようなことを、われわれは組合役員としてしゃべる必要があったのである。

楡闘争の総括を深化するために（二〇一九年一一月二五日）

同志加治川から受け取った、闘争のただなかでの感想文を読んだ。

分会内左翼フラクションの一メンバーは、二〇一四年一〇月に「解雇撤回闘争の中で掴んだもの」という文書を書いている。この年の七月に地裁の判決があったことからすると、それを契機に考えたことであるとおもわれる。

「まず、頭に浮かぶのは、裁判の経験です。原告という立場を通じて、法律の知識など、色々と学びましたが、その中で私は、裁判という制度を、根元から誤解していたことに気が付きました。裁判とは、当初、時代劇の『大岡越前』のように、白砂の間に悪人を突き出し、断罪される場だと思っていました。しかし、現実は全く異なり、判決を下す裁判官の保身が何よりも優先され、断罪ではなく、和解という名の妥協を強要される場であることを、痛いほど知りました。」

「確かに、司法や行政に何らかの「壁」があることは、間違いなさそうです。それは、制度上の問題でもありますが、後々のゴタゴタを予見し、ちゃんとした決定を出さずにおいて、全てを有耶無耶にしたいと願う決定者の意思が、一番の害悪だと思います。解雇撤回闘争で掴んだものとは、事件当事者の意識を、より高める必要性を感じたことです。」

彼は、裁判とは大岡越前のようなものだと思っていたけれども、そうではない、ということを痛いほど知った、と書いているのであるが、そうではないことの根拠を、裁判官の保身、有耶無耶にしたいと願う決定者の意志にもとめていて、その保身そのものの根拠にほりさげて考えていない。裁判官が保身するのは、彼の階級的存在そのもの、ブルジョア国家権力の一機関の担い手であり、彼の意志は彼のこの階級的存在から離れてはありえない、ということを、彼はつかみとってはいないのである。

彼は、事件当事者であるおのれの意識をより高める必要性を感じているのであるが、なお、裁判に依存するという組合の方針上の問題を、裁判そのものの階級的本質との関係においてつかみとっていないのである。いや、むしろ、裁判や都労委に依存する、という闘い方そのものに問題がある、というようには彼はおもっていないようにおもわれる。

裁判の判決や都労委の裁定は、全国的な労働者階級と資本家階級との力関係によって決定されるのであって、当該企業において労働者があまりにも悲惨であったばあいにそれを救済するようなものが出るにすぎない、ということの把握は、彼にはなかったとおもわれる。

彼を、この感想文との関係においてこのようにつかみとり、彼をひっくりかえさなければならないと意志していないことが問題なのである。

また、革命的フラクション・メンバーの梅里は、二〇一四年九月の「闘いの中で私たちは何をつかんだのか？」という文書で次のように書いている。

「解雇撤回・職場復帰闘争に貫くべきは、自分自身の内なる闘いであることを学んだ。初めての闘争経験を通じて、闘う為にはこれまでの我々自身を見つめ直し、越えていくことが不可欠であると思っている。

例えば、裁判所や都労委などの司法・行政機関で、労働者側の主張の正当性を認めてもらうことを自己目的化することの限界について考えさせられている。

関連して、廃業解散解雇を有効とした不当判決に接し感じた「司法の壁」なるものを、我々労働者はどう考えるべきなのだろうか？　不当労働行為を暴いてきたのは単に都労委闘争（あるいは裁判闘争）で勝ちやすいからだったのだろうか？

また、我々が金銭解決に甘んじず、職場復帰をめざし続けて闘うことには、どのような意味があるのか？」

このように書いた梅里は、いったいどのようになっているのであろうか。

「……を自己目的化することの限界」といっていることに端的にしめされるように、井の中の蛙ならぬ・裁判闘争という井戸の中の綾島に、この井戸の中に引きずりこまれていた梅里が、地裁の判決に打ちひしがれて、こんな井戸の中に棲み続けていていいのだろうか、と疑問をもちはじめた、ということではないだろうか。

梅里は、「裁判所や都労委という司法・行政機関」と書いていながら、「……自己目的化する」という闘い方を、これらの機関の階級的本質との関係において考察する、という力をもはや失っている。「初めての闘争経験」であり、綾島にみちびかれて、労働運動とはこういうものなのか、という泥水の中にどっぷりとつかりきっていたのである。闘いの破綻の直観をバネに、泥水から顔を出しはしたけれども、それが精いっぱいなのである。私にはこのような像が浮かぶのである。私には、梅里の破産意識がつたわってくるのである。

これらのことから、二〇一四年七月の「闘争ニュース」を捉えかえす。

これは、「整理解雇は無効、廃業（解散）解雇は有効、整理解雇後から廃業解雇時点までの賃金を支払え」という地裁判決にかんして書いたものである。

この判決は、労働者に金を与えて終わりにする、というきわめて政治的な判決である、といえる。国家権力の形式上の三権の一つである司法の機関が現下の階級的力関係のもとで下したものとしては、対立する両者のつりあいを見たものではないだろうか。

そうすると、裁判闘争の限界を、裁判そのものの階級的本質との関係において暴露して、闘争の集約へと向けていくべきなのである。

この「闘争ニュース」は、梅里が書いたものともおわれるのであるが、次のようなことが問題となる。一般に、われわれは、おのれが組合役員として、諸関係および自分が一歩一歩きずいてきたものをみきわめて、マルクス主義的な内容を滲みださせ、しゃべったり書いたりすることが必要である、と私は考える。そうでなければ、組合員たちをひきあげていくことができない。

梅里であれば、それをどのように追求してきたのかが問題となるのであるが、ここでは、ニュースの文面を少しばかりほりさげる、というように考える。

「これも今日まで分会を支えていただいた組合の仲間の皆様からの惜しまぬご支援のお陰です。分会員一同深く感謝し、まずは皆様とともにこの到達点を確認したいと思います。」

ここは単に裁判への支援となっている。大衆闘争をもっとおしだす必要がある。「裁判には各分会から多数傍聴するというかたちでの闘いをおこなっていただき、また、〇〇集会、△△集会というかたちで、組合全体での労働者の力をしめす闘いをとりくんでいただきありがとうございました。このような組合の力があってこそ、一部勝利の判決をかちとることができたのだ、と感謝しております。」というような展開が必要である。

「会社側に味方する姿勢を崩そうとせず事件の本質を見抜けない裁判所の限界が露呈したと言わざるを得ません。」

さらにつづける必要がある。組合員たちの怒りを、偽装廃業を正当な廃業と是認した裁判所への怒りへと、そして裁判に依存する意識からの決別へとたかめていく必要がある。「いや、事件の本質がわかったからこそ、裁判所は会社経営者の味方をしたのだと言わざるをえません。廃業が偽装廃業であることはわからないはずがありません。裁判所は、労働者に少しばかりいい顔を見せることはあっても、最後の一線では労働者の味方ではない、ということをみずから宣言したのだ、といわなければなりません。立法・司法・行政の三権が分立していると言ってもこれは形式的なものでしかありません。やはり政府が一番強いのです。いまの政府は、会社経営者の味方です。裁判所に期待する気持ちを断ち切り、労働者の力を強化し、組合の団結をうちかためてたたかいぬきましょう。」というようなことを展開する必要がある（闘争ニュース第二弾というかたちででも）、と私は考える。（そしてこの部分を読みあわせる、というかたちで、組合員たちと論議することが必要である。高裁にもっていくことはあっても、闘争を収拾しなければならない。内容的にいくら労働者的な論議をやっても、行動方針にかんしては本部に従うかぎり、本部役員は敵対してこない。）

このようなことをどれだけ・どのように、実践論的に＝闘争論的に、だから下向的に展開しうるのか、ということが、われわれには問われる、と私は考えるのである。

党中央の意をうけ川菲らの担当常任メンバーたちに依存され・梅里らの革命的フラクション・メンバーたちを直接に指導する、というように、樒闘争の指導の要をなしたメンバーが、綾島であった。彼は、党中央と常任メンバーらの期待を一身にうけた――自分の職場では何も活動していない――労働者党員であった。

　ことわざに精通している同志から、正確に言った方がいい、という指摘をうけたので、そうするならば、井の中の蛙のくだりは、「井の中の蛙大海を知らず、ならぬ、裁判闘争という井戸の中の綾島、労働運動を知らず」、となる。

　私がこれらの文章を読みあげて論議した組織会議においては――みんなは「ああ、そういうことなのか」と誤りに気づき――同志加治川はあまり意見を言わずとも冷静であったのであるが、別の場面では、「松代は浮いている。当時、思想闘争は成立していなかったんだ。自分は常任たちからメチャメチャやられていたんだ」、と感情をあらわにした。私は、「やられていたことは何度も聞いている。当時、彼らへの批判をどれだけ貫徹しえたのかということを私は言っているのではない。彼らへの批判の内容を今日的にふりかえる必要がある、ということを言っているのだ」、と説明したのであったが、彼は、私の声を聴かなかった。

　そこで、きわめて少ない人数で論議した方がいい、と私はおもい、同志加治川、同志佐久間、そして私の三人で論議することを提案し、同志加治川が当時書いた諸文書のなかの内容的に展開している部分を読み合わせて論議した。この論議で、彼は、自分が、綾島が裁判への依存に陥没していることをつきだし批判することができていなかった、と気づき、そう表明した。

　しかし、そのあとで、発言し・また文章を書いたときには、綾島は裁判闘争という枠のなかでフラクションとしての労働運動という偏向におちいっていた、と彼はのべた。彼は、従来の自分の主張のなかに、私の批判をとりこんだのであった。フラクションとしての労働運動という偏向におちいっている綾島が、裁判闘争という大きな枠のなかにはいっている、という像を彼は描いたのである。そうすることによって同時に、裁判闘争への陥没という批判の内容を、大衆集会などの組合としての取り組みをやらないで、分会として裁判だけをやる傾向というように、従来の自分の綾島批判の内容に引き戻したのであった。

「それでは、私の批判の取り込みになっているよ」、と論議したのであったが、論議は行ったり来たりであった。

綾島の当時の主張をとりあげて、これはこういうように誤っているのではないか、と論議すると、同志加治川は「そうか」となるのであるが、「そう気づいた現在的立場にたって、当時の綾島批判の内容をふりかえるとどうか」と問うと、彼は当時の意識そのままにもどって「自分はこうやってきたんだ。自分はメチャメチャいじめられていたんだ」、と当時の怒りをあらわにした。

二〇二〇年の早春になってもこのくりかえしであった。

私は「同志加治川は、当時の論議を再生産するときには当時の意識そのままにもどってしまう。これでは自己肯定になる。現在的立場にたって当時の自分をふりかえらなければならない。現在のおのれ自身を、このおのれがのりこえていくという立場にたたなければならない」、ということそれ自体を提起して論議した。同志たちみんなは、「自分自身、過去の意識にもどってしまうのを克服するために努力してきたんだ」、と自分の経験をも話しながら、論議した。しかし、同志加治川は「当時の綾島批判の限界を反省しないわけじゃないよ」、と言いながら、「分派闘争をやってきたんだ」、と過去のおのれを肯定的に語るだけであった。

このような状況のときに、新型コロナウイルス危機との闘いを組織するための・労働者市民むけに緻密化した宣伝物への同志加治川の原稿が、問題としてもちあがった。それは、「考える人」が投稿したというかたちをとって、辺見庸のブログの詩を引用しつつ書いたものであった。

その原稿は、どういう人をどのように変革するためのものか、わからないものであった。それは、われわれが組織したい即自的な労働者をオルグするためのものであるとするならば、その労働者に、お上の言うことに従うのは嫌だ、規制されるのは嫌だ、という辺見的な反権威主義的な意識を植えつけるようなものであった。マルクス主義的な用語を使って書いているところは、理論的におかしかった。

同志加治川の主体そのものに危機意識をもやした同志黒江や他の同志たちとともに私は、彼と論議した。はじめに、理論的に書いている部分は、同志加治川自身の意見だ、ということを確認して論議したのであったが、その二日後には、彼は、「最後の二行の、新しい社会をつくろう、という部分以外は、辺見シンパの人物を装って書いたものだ。変な展開はその人物のものだ」、とひっくり返した。

われわれは、これでは同志加治川は自分自身をふりかえることができない、とおもい、それぞれが文章を書き、いろいろと論議した。

私が書いた三つの文章（三番目のものは楡闘争にかんするものである）を、以下に掲載する。

二　現在のおのれをのりこえよう

A　辺見を引用した「投稿」原稿について（二〇二〇年四月二九日）

そこでは、次のように書かれている。

「……その関係を雇う側から切られた瞬間に、わたしはわたしとは何か、を考えなくても気づく。わたしに解雇を言い渡した社長はその瞬間にわたしの前のそこにいる人、となる。労働力とカネの関係は消される。」

はたして、社長はわたしの前のそこにいる人、となるのであろうか。このことにかんして、同志加治川は、この前の論議で、労働者は解雇されて、これでは食っていけなくなる、と怒りをもやすのだ、ということを言っているのだ、と説明した。

しかし、これでは、その怒りの質が問われていない。労働者の怒りをどのような自覚へとたかめていくのか、ということがまったく出てこない論述となっている。ただ直接性を書いたのだ、と説明されたが、そんなことですませる問題ではない。

わたしに解雇を言い渡した社長は、あくまでも生産諸手段を所有している資本家（経営者も資本家として論じる）である。解雇を言い渡したからといって彼は資本家でなくなるわけではない。わたしに解雇を言い渡した資本家として彼はわたしの前に厳然と存在しているのである。彼は、生産諸手段を資本として所有している資本家階級、その一員である。解雇された労働者は、目の前にいる社長を資本家として――資本家階級の一員という自覚はまだないとしても――即自的に認識しているのである。だからこそ、労働者は社長に労働者的な怒りをもやすのである。たんに、食えなくなる、というようなものではないのである。

解雇されたわたしもまた、みずからの労働力を商品として売らなければならない存在、すなわち二重の意味で自由な労働者である。解雇されたからといって、わたしは、賃労働者であるという・みずからの社会的経済的存在形態が消されるわけではない。

解雇されたことをもって「労働力とカネの関係は消される」というのは、労働市場の直接性における・労働力商品と貨幣との自由で平等な交換という貨幣関係に、この仮象にとらわれた観念なのである。この自由で平等な交換関係は、じつは貨幣関係によって隠蔽された階級関係にほかならないことが、直接的生産過程における・資本の生きた労働を吸収しての自己増殖によって暴露されるのである。労働者は、みずからの労働の疎外の直観をバネにして、このことを自覚するのである。

このことは、同志黒江がのべているとおりである。

右のことの根底には、生産諸手段の資本としての集中と二重の意味で自由な労働者＝労働力商品の担い手にまで物化されたプロレタリアの存在という資本制生産関係が存在するのである。

解雇されたことをもって「労働力とカネの関係は消される」などというのは、自由平等な契約関係という・労働市場の直接性における仮象にとらわれた観念なのであり、資本制生産関係をおおい隠すイデオロギーなのである。

そのように書いても、このようなものとして同志加治川が自覚しえないのは、社長とわたしとの関係を個人と個人との個人的関係としてみているからである。現実には、労働者たちは大量解雇されるのである。あるいは、一人だけ解雇されたばあいでも、彼には、多くの会社で自分と同じように解雇されている人が見えるのである。だから、労働者たちは、「俺たちが首を切られた」と即自的に感じるのである。

ところが、同志加治川は、ここから、社長とわたしとの関係という・個人と個人との契約関係を抽出しているのである。そうであるがゆえに「労働力とカネの関係は消される」と言ってしまえるのである。こうすることによってまた、首を切られた労働者の怒りは、「これでは食えなくなる」という怒りに切り縮めるかたちで捉えられてしまうのである。「俺たちは首を切られた」という労働者たちの即自的な連帯感そのものが消し去られ、無視されてしまうのである。

いくら現実描写的なことを書くのであったとしても、首を切った社長は資本家階級の一員であり、首を切られたわたしは労働者階級の一員である、ということがにじみでてくるような文章を書くのでなければ、それを読む労働者に労働者的な自覚をうながすことはできないのである。「労働力とカネの関係は消される」というように、それ自体として読めば、労働者が労働力商品でなくなるかのようなことを書き、この文を理解するためには社長とわたしとの個人としての契約関係を想定する以外にない、というのでは、これを読む労働者の怒りを個人としての個人主義的なものにゆがめてしまうことになるのである。彼らに、労働者階級として階級的に団結する、という自覚をうながすことはできないのである。いや、そのように自覚することをおしとどめることになるのである。

社長とわたしとの個人的な関係を思いうかべて文章を書くのは、同志加治川が、くずれたブルジョア自由主義者というべき辺見、ダウン者としての自己を正当化するためにブルジョア・アトミズムをおのれの精神的支柱としている辺見、規制されるのは嫌だ、縛られるのは嫌だ、という心情を吐露しているだけの辺見、この辺見と心情的に一体化しているからである。

同志加治川は、革命的マルクス主義者たらんと意志して自己研鑽に励んできたおのれを思い起こし蘇らせ、この自己に貫徹してほしい、と私は思う。現在の自己に断を下し、飛躍の一歩を踏み出すことを私は切に願う。これは、私の必死の訴えである。

同志加治川は、いま、自己の体内から膿を出したのである。辺見との心情的一体化という膿を、である。いまこそ、この膿を出し切り、辺見から決別すべきである、と私は考える。これは、つらいことである、とおもう。これは、身を切られるような思想的格闘であり、おのれの思想変革である。

これまでずっと長いあいだ、苦しいときや辛いときに辺見に癒しや安らぎを求め、おのれが高揚したときに・よりいっそうおのれを鼓舞するものを辺見に見いだしてきたのだ、とおもう。これは、これまでは、同志加治川の内面のなかの小さな別の精神的理論的な引き出しに入っていたのだ、とおもう。同志加治川の実践的理論的な追求は、ずっと大きな引き出しに入っている・革命的マルクス主義者＝反スターリン主義者たらんとする意志と内容につらぬかれていたのだ、とおもう。だが、いま、後者の引き出しは閉じ、別の小さな引き出しに入っていたところのものが膿となって同志加治川の内面に流れ出し、同志加治川その人を侵しはじめたのである。

このように私は思う。

同志加治川の辺見への思いは、同志加治川の未変革なものである、と私は思う。同志加治川は、おのれの辺見への思いを、その根底から変革し破棄すべきである、と私は思う。同志加治川が、そのように決断することを、私は切に願う。


いま引用した文章につづく文章も検討しておきたい。

「この数百年、賃金労働と資本の関係がこの社会があることを支えていた。資本家は自分が生き延びるためにその関係を壊しはじめた。つづいてあらゆる人間のつながりの破壊の衝動が起こる。衝動は充満し決壊するかもしれない。

〈自己責任〉をかたるものを濁流に流せ！

新しい社会をつくらなくてはわたしたちは生きられないのではないか。どういう社会をつくるか、意見を寄せ合って話すことからはじめよう。」

ここでは、「新しい社会」のみちびきだし方は、資本主義の自動崩壊論、賃金労働と資本の関係の資本家によるぶち壊し論になっているのである。ここにあるのは、〈自己責任〉をかたるものへの反抗、すなわち既成の秩序への・あるいは・新自由主義的イデオロギーへのアナーキーな反抗的心情だけである。

これは、労働者階級が階級的に団結して、資本制生産関係をその根底から転覆する、ということはまったく出てこないものとなっているのである。そういうことを理論的論理的にみちびきだすことができないものとなっているのである。

労働者階級の意識として論じられるべきものが人間の意識にあたるものとして一般化され、客観的事態につき動かされた衝動としてとりあつかわれているのである。

これでは、われわれがプロレタリア的主体性を確立し、これを、対象的現実を変革する自己につらぬく、ということ、われわれが自己をプロレタリア的主体として・共産主義的人間として変革し確立していく、ということは決して出てこないのである。これは、黒田寛一のプロレタリア的主体性論の公然たる否定である。われわれが、われわれの組織建設と党建設論につらぬくべきプロレタリア的主体性論の破棄である。

同志加治川は、目を覚ましてほしい。同志加治川は、自分が書いたものを見すえ凝視して、おのれの思想変革を実現することを決意してほしい。私は、このことを切に願う。私はこのことを心の底から訴える。

B　同志加治川へ（二〇二〇年五月八日）

1

このまえ、提起された「同志松代と諸同志のみなさんへ」という文書において、同志加治川は自分の辺見への思いを切々と語っている。この文書を読んだ私には、同志加治川の内面には辺見が深く棲みついていると感じられる。

同志加治川は「辺見と一体化したという臆に自分が侵されている、というようなことは納得できない」と言っていたけれども、この文書を鏡としておのれを見るならば、自己の内なる辺見が見えてくると、私はおもうのである。

「次に私が辺見シンパの「考える人」として解説を散文で精一杯表現し、……」とか「原稿の「考える人」の解説意見を書くのは苦労しました。……」とかと表現されているような苦労は、そういう宿題を出された者か、辺見に共感を抱いている者か、以外にはやることはない。また、このような苦労話の語りに、同志加治川の辺見への思いが非常によく滲み出ている。

けれども、同志加治川は、自分の内面を見てこの内面を語ることはない。自分の行為の苦労話として、自己の内面にあたることを語るのである。こんな苦労をしたこの私は、辺見にどのような感性的・理性的なものを抱いているのであろうか、というように自己の内面を見ることが、同志加治川にはできない、とおもわれるのである。そのように見る、という訓練をしてきていないとおもわれるのである。

だからまた、自己の辺見への思いを、辺見という対象の分析＝規定の問題にしてしまうのである。

同志加治川は、松代は辺見を「くずれたブルジョア自由主義者」と言っているが、どうしてこう思うのか、「へそが曲がったアナーキーな面をもつ偏屈のリベラリスト」と言ってもいいかもしれない、と書いている。

この両者のどこが違うのだろうか。リベラリストを日本語に訳せば自由主義者であり、リベラリズムはブルジョア・イデオロギーである。リベラリズムに日本語の自由主義をあてるのは適切ではない、とする説もあるけれども、そのような意味での諸潮流は、「自由・平等・博愛」を原理とするブルジョア・アトミズムの諸変種であるにすぎない。「へそが曲がったアナーキーな面をもつ偏屈の」というのを簡単に言えば「くずれた」ということになる。それにもかかわらず、「くずれた」と表現するのは嫌で、「へそが曲がったアナーキーな面をもつ偏屈の」というように表現せよ、と言うのは、そのように同志加治川が捉えるところの辺見のそういう側面が、同志加治川は好きなのだ、とおもわれる。そうでなければ、このような対置をあえてすることはない。

辺見のこの側面にかんしては、直線的で猪突猛進型の――そしてこの間の論議からして見えてきたところの・内面的な営みが乏しいとおもわれる――同志加治川にとっては、自分にはないものとして魅かれるところなのだ、とおもわれる。

と同時に、この辺見の根底にあるところのもの、すなわち、お上の言うことに唯々諾々として従うのは拒否する、規制されるのは嫌だ、縛られるのは嫌だ、俺は俺だ、俺はなにものにも侵されない、というような、孤立的個の立場からする反権威主義的なものに共感し、おのれとの同一性を見出し、自分の拠点のなかに組み入れてきている、と私には、感じられるのである。

辺見の文を引用し、これを解説する「考える人」が登場するのは、こういうところなのである。

そして、このようにして自分のうちに組み入れたところのものを、同志加治川は組織討議において、自己を批判する同志と対話しないこと、自己内において対話しないこと、自分は違う、と批判をはねつけることとして、貫徹しているとおもわれるのである。

まさに、これが問題なのである。

これでは、組織成員としての自己の破壊になってしまうのである。

2

同志加治川は「〇〇については、自分は納得していない」としばしば言った。われわれの組織討議においては、納得するかしないかということが問題であるわけではないのである。他の同志の批判や意見を鏡としておのれをふりかえり、ふりかえり考えたところのものを言語的に表現して、相手の同志にかえしていく、ということが必要なのである。このようにしてはじめて対話になるのであり、組織討議になるのである。

自己にあらざる他のものにおいて自己をみる、という反照の論理を、同志加治川は理論としては知ってはいるけれども、この論理を自己に貫徹していないのである。

「自分は納得していない」と発言すれば、この論理を自己に貫徹することを破壊しているのだ、という自覚が、同志加治川にはないのである。自分を壊しているのだ、という自覚がないのである。

組織成員であるにもかかわらず、反権威主義の孤立的個の立場にたってしまっているのである。同志たちからの変革的な批判であるにもかかわらず、そのような立場にたって、批判を認めるかどうかを迫られているかのように、感じてしまっているのである。

3

このばあいに、同時に、「辺見と心情的に一体化している」という私の批判についての同志加治川の理解の仕方は、形式論理的な「一体化」というようなものになっている。「自分は辺見とは違う」ということを同志加治川は何度もくりかえし言っていたのであるが、このように言うということは、私や他の同志たちが言う「一体化」を、形式論理的な意味において、完全に同一のものとなる、一つのものとなる、というように理解しているということを意味するのである。同じ形で同じ大きさの三角形を近づけていくと、最終的に一つの三角形になる。このようなものとして捉えている、ということである。区別における同一性、同一性における区別、という存在論的論理それ自体がわかっていないのである。

辺見と同志加治川は人格も思想性も違うのである。その同志加治川が辺見に共感をもち、その共感をおのれの内面に棲まわせている、ということをもって、私は「一体化」と言っているのである。

「彼はダウン者には違いないが、彼をもオルグ対象にするというかまえくらい持ってもいいのではないかと思います」と書くことは、同志加治川が辺見にそうとう惚れこんでいることをしめしているのである。そして、そのことに気がつかないほどに盲目になっているのである。さらに、そうなっているよ、と同志たちから指摘されても、それをはねつけるほどに、辺見は、同志加治川にとって大切なものとなっているのである。

4

同志加治川は次のように書いている。

「まず投稿主体「考える人」は辺見にシンパシーを持つ「人」という設定です。「考える人」が辺見の文を紹介し、辺見シンパの人としてコメントの散文を書いたのです。言葉づかいのおかしなところや、アナーキーな感じのところはあります。それはあくまで辺見にシンパシーをもつ「考える人」が書いたものと理解していただきたいのです。」と。

また、口頭では、「「辺見シンパの人」を装ったのだ」と言っていた。

このように言うかぎり、投稿原稿を書いたときには、同志加治川は辺見シンパの人物になりきっていた、装いきっていた、ということになる。実際には、マルクス主義の用語を使ってわれわれ的なものを滲ませているところが多々あるのであるが、それらもまた、辺見シンパの人物のなせるわざだ、ということになる。

このような変化《へんげ》の仕方とその論理は、狸がぶんぶく茶釜に化けること、すなわち、ヘーゲル的な疎外、のりうつり疎外の論理である。実際には、狸が化けても尻尾を出しているように、本来の同志加治川の顔がところどころに出ているにもかかわらず、それらはすべて、この人物の諸属性の一つだ、とされてしまうことになるのである。

こうしてまた、この投稿文は、この人物として書いたものだから、反省の対象ではない、ということにされてしまうのである。

これは、疎外とその止揚のマルクスの論理の破壊であり、それのヘーゲルへの還元である。

次のように論じられるばあいには、さらに大きな問題となる。

「私はいつも「七変化」しながらできるだけ読む人が興味を持ってくれることを望んで書いています。

批判されている原稿も工夫して書いたものです。

同志松代は上記のような私の規定性の転換について考えていなかったのではないかと思います。」

ここでは、先のような、辺見シンパの人物を装うことを「私の規定性の転換」と同志加治川は規定しているのである。すなわち、そのように装うことを、運動＝組織論において明らかにされている規定性の転換の論理でもって基礎づけているのである。

このことは、逆に言えば、われわれが・われわれのおいてある場に規定されて・規定性を転換する、ということを、装うこと、「七変化」することと、同志加治川は考えている、ということを意味するのである。具体的に言えば、当該の組合において、良心的な組合役員の像を自分の頭のなかに設定し、そのような組合役員を装うこと、そのような組合役員になりきることとして、規定性の転換ということを同志加治川は考えている、ということなのである。

同志加治川は組合役員としてきわめて有能であり、組合幹部や組合員にきわめて柔軟に対応する、ということはこういうことに規定されているのではないだろうか。そのかわり、その活動は、有能な組合役員になりきったものであり、組合主義的なものであって、われわれの組織戦術を労働運動の場面に貫徹することが欠如したものとなっているのである。

われわれが「規定性の転換」と言うのは、辺見シンパの人物を装う、というようなこととはその根底から異なるものである。自分が何らかのものとして設定したものになる、ということとは、その根底から異なる論理である。それを、「……設定です」などと言うのは、すなわち、その「設定」を「規定性の転換」と同一視するのは、後者を、頭のなかでのあれこれの設定をすることにゆがめるものであり、観念論への転落である。

物質的な場において活動するわれわれは、この場から物質的に規定されるのであり、このことに規定されて・実践主体であるわれわれの規定性が転換するのである。意識的に活動する物質的な主体であるわれわれわれは、場から規定されて在るおのれを自覚し、場において在り場によってうけとるおのれの規定性の一つを自覚的に選びとり、場の分析に立脚して、自己を二重化・三重化して活動するのである。同志加治川はこのような唯物論的論理をなんら捉えていないのであり、この論理をおのれに貫徹しているのではないのである。

この論理を、自分が頭のなかで何らかの像を観念的にこしらえあげ、その像になりきることという・のりうつり疎外の論理に歪曲しているのである。

この論理は、また、おのれの実践を自己の反省の対象からはずことを正当化する論理ともなっているのである。

同志加治川はこのことを自覚すべきである。

C　今日における労働運動へのわれわれの組織的とりくみのための理論的諸問題

（二〇二〇年五月二日）

楡闘争の過程において理論的に論じたことがら、その論述そのものを今日的に理論的＝論理的に検討しほりさげていくことは、きわめて重要である。ロイヤルリムジンの労働者の解雇撤回の闘いにもしめされているように、今日の階級的力関係および日本労働運動の現状に規定されて、労働者たちの決起は彼らが裁判に訴えることにおいて明らかにされる、という厳然たる現実があるのである。だから、楡闘争からどん欲に徹底的に教訓をつかみとらなければならないのである。

一九六〇年代に革マル派建設の初期に活発にくりひろげられた運動＝組織論および大衆闘争論をめぐる論争を思い起こそう。そうはいっても直接的に体験しているのは私だけであり、みんなには想像してもらう以外にない。

私がこう言うのは、いま、あのような論争を実現しなければならない、と考えるからである。

当時の論争の雰囲気は、朝倉文夫編著の『反戦・平和の闘い』に収録されている「いかに実践論は深められてきたか」という論文においてリアルに描かれている。

次のように、である。――

わが革マル派建設の出発点において、われわれがくりひろげた日々の組織実践を主体的に反省し教訓化することをとおして、運動＝組織論、大衆闘争論、同盟建設論などの理論領域が切り拓かれ、これらの新たな諸理論が一歩一歩と理論化されてきた。みずからの実践をたえず反省しながらこの反省と教訓化と理論化にはらまれている欠陥を克服するための内部思想＝理論闘争に、当時マル学同員であったわれわれは、勇気をふるいおこしパトスをみなぎらせながら参加した。そして七転八倒した。なぜなら、現に論議されていることがらをつかみとるためには、新たに理論化されつつあったこのような諸理論の根底につらぬかれているところの実践論そのものを主体化する努力を同時につみかさねなければならなかったのだからである。

だがもちろん、当時の若きわれわれはこのような明確な自覚をもっていたわけではない。

論議されていることがらを自分では理解したつもりになっていたときに、冷や水を浴びせかけられるかのように黒田から批判された。マル学同メンバーたちの理解している内実は、主体的に論じられていることがらを客体的に結果解釈的にしかつかみとっていないものであり、そのようなつかみとり方になるのはわれわれの組織創造論につらぬかれている実践論を主体化していないからだ、と。たえずこのような批判にさらされたがゆえに、実践論をなんとしても主体しなければならない、という想いにわれわれは駆られたわけなのだ。

もちろん黒田は『ヘーゲルとマルクス』で展開されている哲学的人間論や『プロレタリア的人間の論理』において明らかにされているプロレタリアの自覚の論理をおのれじしんの拠点としながら、これを貫徹するかたちにおいて、――われわれの組織実践から諸教訓をつかみとり――組織創造の論理を解明し理論化してきたのだといえる。あるいは、マルクスの実践的唯物論を今日的によみがえらせつつ同時に梅本克己や梯明秀やまた武谷三男らの業績を批判的に摂取して明らかにしてきた労働論＝技術論＝実践論を、われわれの組織実践そのものの主体的解明に貫徹し具体化してきたのだといえる。

けれども、いやまさにこのゆえに、このようなかたちで黒田が明らかにしてきたところのものに何とかくらいつこうとしてきた若輩のわれわれは、内部論議での黒田の提起に対決することをとおして同時に、黒田が拠点としているところのもの・彼が自然に（じねんに）適用しているところのものをつかみとらなければならなかった。この努力は苦難を極めた。黒田その人が・自分じしんが自然におこなった思考過程の楽屋裏をいろいろと説明してくれても、われわれはそれをなかなか理解することも主体化することもできなかったからである。

だがもちろん、もしも次のようにいうことが許されるとするならば、われわれは自信と自負と確信をもって確認することができる。たえずくるった理解をしめすわれわれに自覚をうながすために黒田が、みずからの内面的行為としての思惟活動の道程を自覚的にとりだしわれわれにわかるようなかたちで言語的に対象化し理論的に展開してくれたことは、黒田その人にとっても、実践そのものの主体的解明を深化する、という理論的前進をかちとるものとなったのであり、その精華はわが党組織の共有財産となったのだ、と。もちろんこの精華を真に共有財産とするためには、党組織を担うわれわれ一人ひとりがこの理論をおのれじしんのものとして血肉化しなければならないことはいうまでもない。——（一五三〜一五五頁）

このような雰囲気の論争を、いま、われわれはやっていかなければならない、と私はおもうのである。

組合運動づくりの対象的＝存在論的規定とわれわれの指針および諸活動の主体的解明

前にも引用したものであるが、次のような展開がある。

「「解雇撤回、組合破壊反対、職場復帰、本部指導部の第三者機関依存主義をのりこえてたたかおう。」という私の考えていた戦術スローガンはまずもって、あくまでもわが党のスローガン（E_2）である。このスローガンを組合運動場面のダラ幹、弁護士、組合員の分析にふまえて具体化しなければならない。われわれは労働組合を主体として解雇撤回闘争を推進するわけであるが、闘いの一手段として裁判闘争にとりくんでいる。」

ここで「闘いの一手段として裁判闘争にとりくんでいる」というのは、「一手段として」という表現そのものに端的にしめされているように、闘いの対象的＝存在論的規定である。われわれの実践の指針および諸活動の主体的解明ではない。

しかも、「一手段として裁判闘争にとりくむ」という表現であるならば、われわれの闘いの指針の対象的＝存在論的規定なのであるが、「裁判闘争にとりくんでいる」という表現は、われわれが現にたたかってている闘いの現実の対象的＝存在論的描写である。

さらにいえば、「闘いの一手段として裁判闘争にとりくんでいる」という表現は、「裁判闘争は闘いの一手段である」という・闘いにとっての裁判闘争の対象的＝存在論的位置づけと、「裁判闘争にとりくんでいる」という・闘いへのわれわれのとりくみの描写とを一緒くたにしたものである。

一九六〇年代には、こういうことを、グチグチ、グチグチと論議してきたのである。しかし、それ以降には、われわれの指針および諸活動の対象的＝存在論的解明と、われわれの指針および諸活動の主体的解明とを区別しなければならない、アプローチが違うのだ、というようなことにかんしては、それはすでに論議してきたことだ、それを勉強せよ、とされるきらいがあった、と私はおもうのである。しかし、それでは、私よりも若い世代のメンバーたちには、ほとんど身につかなかった、というのが、私の実感なのである。たとえ内容的には同じ問題であったとしても、何度も何度も、そのときに実践的に直面した問題をめぐって、そこにおいて生みだされた理論的欠陥に即して、論議していかなければならない、と私はおもうのである。

かつて、私よりも年上の美津野大雪論文の筆者は、「お前は組織現実論的な理論的総括を書くたびごとに誤謬をおかしているのに、よくへこたれずに書くなあ」、と黒田さんにほめられた、とくさっていた。たしかにそうであった。かつての彼はへこたれなかった。われわれは、かつての彼を見習わなければならない。私はそうおもうのである。

では、「われわれは労働組合を主体として解雇撤回闘争を推進する」という展開はどうか。

これは、われわれは労働組合を主体として組合運動を推進する、という・われわれの組合運動の推進にかんする規定を、解雇撤回という闘争課題に即して展開したものである。そして前者の規定にかんしては、われわれは組合を主体として組合運動を推進する、と同時に、この組合運動の展開を媒介として組合組織を強化する、という規定の前半を明らかにしたものである。このトータルな規定は、組合運動づくりと組合組織づくりの弁証法を、対象的＝存在論的に明らかにしたものである。

この対象的＝存在論的解明に立脚して、われわれはアプローチを転換して、われわれが組合運動を展開し組合組織を強化するためのわれわれの実践の指針および諸活動を主体的に解明しなければならない。

しかし、引用したこの展開には、この主体的解明がないのである。この文書全体にも、楡闘争の過程における一連の文書全体にも、この主体的解明がないのである。

これらの文書において、労働運動論的アプローチと呼ばれるさいには、それは、右にのべた対象的＝存在論的解明をさしているのである。そして、筆者には、たとえ労働運動論的アプローチといったとしても、組合運動づくりの対象的＝存在論的解明をさしているにすぎず、われわれの実践の指針および諸活動の主体的解明をなしえていない、そのようなアプローチにかんしては明らかにしえていない、という自覚がないのである。

ここにおいて次のことが問題となる。

方針内容の解明とわれわれが組合運動を展開する実体的構造の解明

「闘いの一手段として裁判闘争」といったばあいには、同じ「手段」という概念を使ったとしても、ここに言う「手段」は、組合運動づくりと組合組織づくりの相互に目的となり手段となる関係というときの「手段」とは、内容上でさすところのものが異なる。

後者は、組合運動と組合組織にかんする規定であるのにたいして、前者は、闘いの手段、闘争手段のようなものである。後者は、組合運動づくりと組合組織づくりの実体的構造の解明にかかわるのにたいして、前者は、解雇撤回をかちとるために裁判に訴える、という方針の内容の解明にかかわるのである。

ところが、この両者の規定が、「わけであるが、」という句でむすばれ、直結させられているのである。こうすることによって、この両者が、それ以上には解明されなくなっているのである。

このことはまた、裁判をどうするのかということの指針は、解雇撤回闘争の組合の方針の一契機をなすとしても、組合の方針そのものではない、ということの自覚がとぼしいことに規定されている。と同時に、右の直結は、この自覚がとぼしい、ということを自覚しえない、ということをもたらしているのである。

ようするに、裁判闘争への陥没という・本部による解雇撤回闘争の歪曲をのりこえていくための方針内容が、この方針の内容の解明が、欠如しているのである。

さらに、方針提起の仕方の解明

引用文のなかで、いま見てきた展開の前に書かれていることは、われわれの闘争＝組織戦術（E_2）を、われわれが組合員あるいは組合役員としてうちだす組合の運動＝組織方針（E_2u）として具体化する、ということがら、すなわち方針提起の形式的構造の解明にかんするものである。もちろん、前者は後者のすべてではない。

大衆の意識にふまえこれを変革するかたちにおいて方針を提起する、ということもまた、方針提起の形式的構造の解明にかかわることがらである。大衆の意識にふまえる、ということは、大衆闘争論的解明において、既成の大衆運動をのりこえるという実践的立場にたってわれわれはわれわれの方針を解明する、ということに止揚された、ということもまたおさえておかなければならない。

このように考察してくるならば、先の引用文は、〈方針提起の仕方にかんすることがら――組合運動づくりと組合組織づくりの弁証法の一端――方針内容にかんすることがら〉というように、論点が徐々に移動していっているのであり、それらのそれぞれは何をどのように解明するものなのかということ、そのアプローチの仕方の違いがおさえられないままにそれらが直線的につなげられている、ということがわかるのである。

このばあいに、われわれの闘争＝組織戦術（E_2）の内容にかんしては、方針提起の仕方を論じるときに、スローガンとしてだけ提示されていて、戦術の内容の内容的解明はなされていないのである。この文書の全体でも、一連の文書の全体でも、戦術の内容の内容的解明はなされていないのである。こうすることによってまた同時に、三番目の論点として、「闘いの一手段として裁判闘争に」というように論じるときには、それは、先のスローガンとは切断され、「本部執行部の第三者機関依存主義をのりこえてたたかおう」という内容はつらぬかれないものとなっているのである。

方針はそれ自体、形式と内容との統一をなす。

よく言われるのは次のようなことである。かち割り氷とか・かき氷とかいうのは氷の形態をなす。このばあいに、氷であるということが内容をなし、かち割るとか・かくとかということが形式をなすのであり、氷の形態は、この内容と形式との統一をなす、ということである。

この説明をみてもわかるように、方針の内容と形式とは統一的に論じられなければならない。方針の内容にかんしては、スローガンだけを提示しておいて、E_2 を E_2u として具体化するという・方針の具体化の仕方の形式的構造の問題にひっぱっていく、というのはまずいのである。

さらに、われわれの実践そのものの解明とその実践の指針の解明とのアプローチの違いの把握に立脚して考察するならば、それ自体内容と形式との統一をなす方針、すなわちわれわれの実践の指針、これの解明は、実践を規定する理論の解明にかかわるのである。

組合運動づくりと組合組織づくりの実体的構造の解明、すなわち、組合運動を組織し組合組織を強化するためのわれわれの諸活動の解明は、理論に規定された実践そのものの解明にかかわるのである。

いまみたところの、(1)実践を規定する理論の解明、(2)理論に規定された実践そのものの解明、この両者のアプローチの違いを明確に自覚しなければならないのである。

ここで、最初に論じた問題にもどす。

いま、われわれの方針はそれ自体内容と形式との統一をなす、ということを論じたけれども、これは、われわれの方針の対象的＝存在論的規定である。われわれの方針の内容の主体的解明でもなければ、われわれがどのように方針を提起するのかということの主体的解明でもない。

われわれは、実践を規定する理論の解明と理論に規定された実践そのものの解明とのアプローチの違いを自覚して、われわれが既成の労働運動を左翼的にのりこえていくためのわれわれの実践の指針、および、この指針にのっとってわれわれがくりひろげるわれわれの諸活動を、主体的に解明しなければならないのである。

「第三者機関」依存路線への陥没――組織戦術の貫徹の欠如

次のような論述がある。

「ではなぜわれわれは裁判闘争（和解協議）において「復職なき和解絶対反対」とでもいうべき方針を貫いたのか。

それは「復職のない金銭和解は組合員を強化するためにはだめだというようにやってきた」（綾島）という点に端的に示されている。組合員を強化するというオルグ方針（イデオロギー闘争）にかんする問題と法廷における闘いの指針の問題とが区別されず、前者（＝組織的目的）の節穴から後者を論じるというようになっている。組合の和解協議方針が「組合員を強化する」あるいは「わが仲間をつくりだす」というわが組織的目的に従属した裁判闘争（和解協議）方針のようなものにゆがめられている。」

「われわれの力の及ぶ分会内で「復職なき和解反対の裁判・第三者機関における闘いの推進をつうじた仲間づくり」をやるというものである。組合運動論的解明の蒸発である。」

「われわれは全体として、高裁判決のうけとめ論議もなされることなく、裁判（和解協議）闘争にかんする分析・判断の反省や組合本部、組合員の分析にふまえた組織戦術をあらためて練りなおすこともなく、実質的に高裁判決前の指針の延長線上で第三次都労委に向かった。」

ここでは、基本的な構図として、「組織的目的」ということと「裁判闘争（和解協議）」とが対比され、「組織的目的に従属した裁判闘争」になっている、「組合運動論的解明の蒸発である」という批判（綾島への批判）がなされているわけである。

だがしかし、この「組織的目的」をわが党の組織的目的と考え（組合の組織的目的・すなわち・組合組織の強化という意味での組織的目的、ということではなく、という意味である）、これと対比するのであるならば、それは運動上の目的である。この運動上の目的の中身は、組合運動を左翼的に展開するということそのものであり、解雇撤回という闘争課題の実現ということに即して考えるならば、解雇撤回の組合運動を左翼的に展開するということそのものである。裁判闘争（和解協議）は解雇撤回の組合運動の展開そのものではない。

いま、「組織的目的に従属した裁判闘争」という把握（誤謬についての把握）を問題としてとりあげ検討したけれども、実際に表記されているのは、「わが組織的目的に従属した裁判闘争（和解協議）方針」である。この表現に注意しなければならない。「組織的目的」に対比されているのは「裁判闘争」ではなく「裁判闘争方針」なのである。これでは、「運動上の目的」という概念は、当然にも出てこなくなるのである。

右の表現の直前では、「オルグ指針（イデオロギー闘争）」と「組織的目的」とが等置されていた。すなわち、ここでは、方針およびこれをめぐるイデオロギー闘争にかかわる問題と、「組織的目的」および「運動上の目的」にかんして論じるという問題、すなわち、運動＝組織づくりの実体的構造にかかわる問題とが完全に二重うつしにされているのである。

このことに規定されて、この両方が、すなわち、方針およびこれをめぐるイデオロギー闘争の内容も、運動＝組織づくりの実体的構造も、解明されなくなっているのである。「裁判闘争（和解協議）方針」が「組織的目的」に従属させられている、ということより以上のことは何も言われなくなっているのである。

「復職なき和解反対の裁判・第三者機関における闘いの推進をつうじた仲間づくり」をやるとなっているという特徴づけをやっておきながら、これにたいして「組合運動論的解明の蒸発」というレッテル――あたかもそれが左翼的偏向であるかのような見当はずれのレッテル――を張ってしまい、そのような方針の内容は「第三者機関」依存路線に転落したものである、という批判はまったくなされなくなっているのである。これは、自分自身が「第三者機関」依存路線におちいっているからなのである。ともに「第三者機関」依存路線におちいったうえでの他者批判となっているのである。

だからまた、「組織戦術」という用語を使ったとしても、それは、労働運動のただなかにおいてスターリン主義と社会民主主義から決別しマルクス主義でみずからを武装した革命的プロレタリアをつくりだし組織的に結集するというわれわれの組織戦術、この組織戦術を労働運動の場面に貫徹する、ということとはまったく異なるものとなっているのである。

「裁判（和解協議）闘争にかんする分析・判断の反省や組合本部、組合員の分析にふまえた組織戦術」というように、裁判での和解協議をめぐる組合内の諸関係に・それの分析にふまえて・切りこむ、というようなことが「組織戦術」と呼称されているわけなのである。

組合内の諸関係や組合員の状況の分析にふまえて裁判での和解協議にかんする方針を出すことに最大の関心をいだいている、というだけではなく、このことを「組織戦術」とみなし、そうすることによって、われわれの組織戦術を労働運動の場面に貫徹することがぬけおちている、というおのれの欠陥を自覚しえなくなっている、ということが大きな問題なのである。

三　何が問題なのか

われわれが直面した困難は、同志加治川と論議しても、彼は、論議して新たに気づいたものがある現在的立場にたっておのれの過去をふりかえるのではなく、過去を思いおこす段になると、過去の自分の意識そのままにもどってしまい、過去に沈殿した怒りをよみがえらせてしゃべる、ということであった。そのばあいに、同志たちから質問されている対象をなす場面（綾島や党中央への批判を内部文書として書いている自分）ではなく、自分が常任メンバーやその追随者たちからいじめられている場面を、彼は思いおこしたのであった。

綾島が裁判への依存に陥没していることを同志加治川は批判しえていなかったのではないか、と私が問題提起して論議したときの彼の対応がこのようなものになっていることを私は感じて、現在的立場にたってふりかえる必要がある、ということを言ったのであったが、そう指摘すれば彼は気づくものと私はおもっていた。自分の過去が新たなかたちで批判されたときには、諸組織成員はしばしば過去に拘泥する意識におちいることがあるからである。

しかし、論議がすすまない、という事態に直面して、同志佐久間は、危機意識にもえて、一九九〇年代初頭に土井路線につき従ったことの反省を問われたときにも同志加治川はいまと同じように自己をふりかえることができなくなった、と思いおこした。そして、「あのときと同じようになっている。脱却するように」、と同志加治川にうながした。それでも、彼は、ハッとしたふうはなかった。

私は、これは大変だ、とおもったのであったが、「過去の意識にもどってしまうのではなく、現在的に気づいたことを拠点とし・現在的立場にたって過去の自己をふりかえるように」、と同志加治川にうながすことより以上のことはできなかった。同志佐久間も、他の同志たちもそうであった。同志たちは、自分自身の経験を語って、彼に自覚をうながすように努めた。

もしも、こういうことが理論的にわかっていないのだとするならば、その理論的把握をうながさなければならない。しかし、彼はそうではないであろう。われわれが「現在的立場にたって……」ということを言ったときに、そういうようには考えていなかった、という彼からの反応はなかったからである。

では、現在的に自己否定的立場にたつことができない・何か非合理的なものを彼は内面に抱えているのだろうか。そうではない、とおもわれる。綾島が裁判への依存に陥没しているとは、自分は気づいていなかった、自分も彼と同じ土俵で彼を批判していた、と現在的に気づけばいいことだからである。

彼は、自分もまた裁判への依存に陥没していた、と自己をふりかえるのが嫌だとおもわれる。とはいえ、自分もその依存に陥没していた、というように自己をみなければならない、とおもいつつ、それは嫌だ、と自己の内面で葛藤しているふうはない。彼は、自分を肯定する以外のことは、入り口ではねつけているのである。私や同志たちが批判したことが、あたかもボールが壁にあたって跳ね返ってくるように、彼からはねかえされるので、私にはどうしてもそう感じられるのである。

他の問題にかんしては、彼は現在的立場にたって自己をふりかえっていたけれども、今回はそうではなかった、ということではない。現在からこの一年間を思いおこすと、彼がそういうようにふりかえったことはなかったのである。彼が書いた原稿の理論的誤りを指摘すると、彼は書き直した。しかし、「それでいいと思っていた」、と言う以上に、そう書いたゆえんを彼が語ったことはなかった。また、私が、綾島は、「解雇撤回」を掲げた物取り主義ではないか、と言ったときも、「井の中の蛙ならぬ、裁判闘争という井戸の中の綾島」と言ったときも、同志加治川は、自分自身を何らゆるがすことなく、私の意見をとりこんだだけであった。いまふりかえると、このような記憶がよみがえってくるのである。

しかし、彼が現在的立場にたって自己をふりかえる、これを彼がやりきるまで、いま、彼と思想闘争しなければ駄目だ、と考えたことはなかった。私がこう考えたのは、二〇二〇年にはいってしばらくしてからであった。遅かった。しかし、しかしである。遅かった、というような問題なのか、という気がする。むずかしい。

辺見の詩を引用した「投稿」原稿をめぐる論議は、もっと大変であったし、大変である。同志加治川は、少なくとも自分の意見を滲ませて書いた文章を、「辺見シンパの人物」が書いたものとして、ふりかえり反省する対象から外してしまったからである。しかも、即自的な労働者をオルグするために「辺見シンパの人物」を装う、というまでに、彼は自己の内面に、辺見への共感を深く棲まわせている、とおもわれるからである。

同志加治川に、同志たちの批判によって気づいた現在的なおのれを拠点として過去の自己をふりかえる、という自己否定の立場にたつことをうながすことが、これほど大変であるとは、私は自覚しえなかった。これが、いまなしうる私の反省である。ともに分派闘争をたたかってきた同志佐久間は、あきらめともニヒル感ともつかぬ感覚を抱いていた。そのような感覚をそのままにしていたのでは、われわれ自身が腐敗してしまう、いま創造しつつあるわが組織は反スタ組織ではなくなってしまう、と論議してきた。他の同志たちのなかには、同志加治川の論議へののぞみ方を否定的にみていた同志たちもいた。

だが、この問題をめぐってどのように内部思想闘争を展開すべきなのかにかんして、われわれは組織的同一性を創造しえていたわけではなかった。

われわれは、いま、それぞれが自己の記憶をさかのぼり、過去を思いおこして、それをつきあわせた。同志加治川が、論議で気づいたおのれを拠点とし現在的立場にたって自己をふりかえる、というかたちで、組織会議や自分との論議で彼が発言した、という体験を、同志たちはもったことがなかった。むしろ、自分の発言に、直反射的な切り返しをされたり、強引な批判をおしこまれたりした、という体験を、同志たちは思いおこし、そのときにそれを組織的に問題として論議するように提起しえなかった、と反省した。

われわれみんなが、その直接的事態そのものは知っていた。そのことを組織的な問題として組織的に問題にすることができなかったのである。

いま、われわれは、このような問題を、組織的な問題として自覚したのである。同志加治川は、現在的立場にたって自己をふりかえる、というこの反省を、――われわれが組織成員になったときに問われるそれを、――体得し自己につらぬいたことがなかった、とわれわれは判断する。自己にあらざる他のものにおいて自己を見る、という自覚の論理を、――言葉としては語っていたとしても、――彼は自己に貫徹したことがなかったのである。経験に富み、組合運動においては優秀であり、分派闘争をたたかった彼がそうであるということを、われわれははじめて自覚した。いま、同志加治川に、現在的立場にたって・辺見の詩を引用した文章をふりかえることをうながす思想闘争を、同時に、自己のこのようなふりかえり方そのものの体得をうながすこととして、われわれは実現しなければならない。

わが組織を反スターリン主義組織として創造し確立するのは至難であることを、われわれは思い知った。われわれは、この現状を突破するために、全力をふりしぼり、われわれ自身を切磋琢磨することを、ここに決意する。

二〇二〇年六月一日

著者

松代秀樹

著書　『「資本論」と現代資本主義』（こぶし書房）

『日本経済分析のために』（同）

『スターリン主義の超克 第5巻 労働運動論』（編著・同）

佐久間置太

論文　「賃金労働者の目的意識とは」（「解放」第1285号）

「現代の巨大技術と労働」（『共産主義者』第71号）

黒江龍行

論文　「＜コソボ和平＞一周年──〝平和〟は訪れたか？」（『新世紀』第188号）

北井信弘

著書　『経済建設論』全2巻（西田書店）

『変革の意志

黒田寛一と梯明秀と西田幾多郎の思索に思う』（創造ブックス）

『現代の超克　私の内に生きるマルクスと黒田寛一の哲学』（同）

コロナ危機との闘い

黒田寛一の営為をうけつぎ反スターリン主義運動の再興を

2020年8月1日　初版第1刷発行

編著者　　松代秀樹

発行所　　株式会社プラズマ出版

〒274-0825

千葉県船橋市前原西1-26-19 マインツィンメル津田沼202号

TEL：047-409-3569

FAX：047-409-3730

e-mail：plasma.pb@outlook.jp

URL：https://plasmashuppan.webnode.jp/

　ISBN978-4-910323-01-5　C0036